Herderbücherei

Band 1199

Über das Buch

Der Abbau von vielen Tabus allein hat uns noch nicht dahin geführt, Lebenslust und Daseinsfreude zu finden. Viele sind von der Gier und von Luststeigerung um jeden Preis geprägt, während noch eine große Anzahl unter uns von der geheimen Angst vor der Steigerung der Daseinsfreude und gesunder Lebenslust bestimmt wird. Beide Haltungen führen zur Leere und Lustlosigkeit, von der immer mehr Menschen betroffen sind.
Wer den Gedankengängen der Autorin folgt, findet über die Hinführung und Praxisberichte dieser bekannten Psychotherapeutin die Möglichkeit, Frustration zu überwinden. Es ist der Weg zu einem neuen Verhältnis zur Daseinsfreude, die in einer Ganzheitserfahrung gründet.

Über die Autorin

Dr. Hildegund Fischle-Carl arbeitet als Psychotherapeutin in Esslingen bei Stuttgart.

Hildegund Fischle-Carl

Anstiftung zu Lebenslust und Lebensfreude

Herderbücherei

Taschenbuchausgabe des im Kreuz-Verlag Stuttgart
unter dem Titel „Lust als Steigerung des Daseins"
erschienenen Bandes.

Alle Rechte vorbehalten – Printed in Germany
© Verlag Herder Freiburg im Breisgau 1985
Herder Freiburg · Basel · Wien
Herstellung: Freiburger Graphische Betriebe 1985
ISBN 3-451-08199-7

Inhalt

Lust als Steigerung des Daseins   7
Das Lustprinzip   17
Die Angst vor der Lust   31
Die Angst, das Menschsein zu verfehlen   33

Lustmangel und Lustersatz   45
Der verwaltete, lustlose Mensch   48
Verdrängung des Unbehagens   50
Lustverbot   53
Urvertrauen und Krisenfähigkeit   56
Frustrationen   65
Die Verführbarkeit der Lustlosen   74

Von der Schwierigkeit, Wirklichkeit zu bestehen   83
Projektion als Abwehrmechanismus   85
Die Sucht nach heiler Welt   88
Wirklichkeitsferne und Fehlentwicklung   96
Die Ablösung von den Urbildern   109
Verwöhnung   117
Verzicht   126

Die Wirklichkeit annehmen heißt bewußter leben   137
»Nach uns die Sintflut«   142
Das Realitätsprinzip   143
Identität und Entwicklung   148

Lust als Steigerung
des Daseins

Lust ist Leben. Man kann die Gleichung nicht umdrehen und sagen, alles Leben ist Lust, weil es auch andere Erlebensweisen gibt, zum Beispiel das Leiden. Es läßt sich jedoch so formulieren, daß Lust und Lebensvollzüge aufs engste miteinander verflochten sind, wenn dies auch nicht immer in unser Bewußtsein dringt oder auch nicht in jedem Fall sofort und im Vollzug bewußt erlebt werden kann. Lust ist bis ins Biologische hinein in uns verankert und etwas grundsätzlich dem Lebensprozeß Zugeordnetes. Wegen dieser elementaren, tief wirksamen Erlebnisform kann über dieses Phänomen nicht viel ausgesagt werden. Elementare Grundgesetze können nur phänomenologisch beschrieben, aber nicht weiter aufgelöst und analysiert werden. Wir bilden uns zwar davon Begriffe, die jedoch nicht viel mehr als Benennungen sind. Jeder weiß dann aus unmittelbarem und eigenem Erleben, was damit gemeint ist. Eine Vertiefung oder gar erklärende Aussage darüber ist uns jedoch unmöglich.

Mit der Lust ist es ähnlich wie mit dem Trieb. Er ist eine treibende Kraft unseres Lebens, wird als Energiepotential und Lebensverwirklicher erlebt, der grundsätzlich lebenserhaltende und auf höherer Ebene lebensgestaltende Vollzüge antreibt. Was der Trieb letztlich ist, darüber wissen wir nichts; ebensowenig wissen wir, was Energie ist. Obwohl dies so ist, wurde der Begriff Trieb für viele naturwissenschaftliche Erklärungen sehr bedeutsam. Wir operieren in all unseren Ableitungen und Theorien viel häufiger mit dem Faktor X, als uns bewußt ist. Das verdrängen wir modernen Menschen gerne aus unserem Bewußtsein, weil es uns in unserer Eigenliebe kränkt, uns unserer Begrenzung im Denken bewußt zu werden. Sigmund Freud, der mit dem Begriff vom Trieb seine wissenschaftliche Hypothese aufbaute, formulierte darum im Bewußtsein des Nichtwissens: »Der Trieb ist unser Mythos.« Es ist ein äußerst bescheidener, man könnte sagen primitiver Mythos. Mythenbildung ist immer der Versuch, das Vorhandene zu erklären, das Gewordene in seinem Hintergrund zu erahnen. Es ist darum eine Weltschau. Der heutige Mensch liebt es nicht, darauf hingewiesen zu werden, daß er auch seinen Mythos besitzt, wenn auch bild- und gestaltlos in rein abstrakten und zuweilen auf die Zahl reduzierten Begriffen. Man kann sagen: Die Wissenschaft ist unser Mythos, unsere Art von Weltbegreifen.

Wir wissen also über die Lust nicht mehr, als jeder bei sich selbst unmittelbar erleben kann. Lust ist lebenssteigernd und läßt uns intensiver erleben, weil sie uns unmittelbar, bis ins Körperliche hinein ergreift und in totaler Weise Teilhabe am Leben erleben läßt. Gesteigerte Lust ruft körperliche Begleiterscheinungen hervor wie beschleunigte Herztätigkeit und Erweiterung der Gefäße, was zu starken vegetativen Reaktionen führen kann. Hinzu kommt, daß die durch Lust erlebte Erregung auch in Bewegungen umgesetzt zu werden drängt. Lust ergreift uns also bis in unsere Physiologie hinein, in Bereiche, wo sie nicht mehr willentlich steuerbar ist. Jede Form von Lust bringt uns Zuwachs an Lebendigkeit. Am lebendigen Leben teilzuhaben, es zu erleben, davon ergriffen zu werden, heißt selbst Leben zu sein. Lust ist darum eine Steigerung unseres Daseins in doppeltem Sinne: Unmittelbares Teilhaben am Lebensprozeß ist beglückend, auf welcher Ebene dies sich auch vollziehen mag. Wenn dieses Erlebnis eine gewisse Tiefe des Gefühls erreicht, ist das zugleich eine Steigerung des eigenen Seins. Neben der Hingabe ans Leben erfahren wir also auch eine Steigerung von uns selbst. In der Lust, in der Ergriffenheit bin ich selbst gesteigert, bin ich eine größere Potenz. Ich bin ich und Lebenslust, das heißt, in mir können die dem Leben zugehörenden Attribute wirksam werden.

Es gibt keine wesentliche Tat, die nicht von Lust initiiert, angetrieben, energetisch gespeist wird. Wie wir noch sehen werden, ist selbst in der Zerstörung und im lebensfeindlichen Geschehen noch pervertierte Lust enthalten. Ohne Lust kann nichts Bedeutsames, nichts Großes geschehen. Durch Lustlosigkeit wird zuweilen selbst das Banale mangelhaft vollzogen. Ohne Lust sind wir lebensfern und den Toten näher als dem Leben. Die lustvolle Teilhabe am Dasein, der Lustgewinn gestaltet unsere Tage und unser Handeln. Wir können die Bedeutung der Lust darum nicht groß genug schätzen.

Die Erlebnisfähigkeit von Lust ist von Mensch zu Mensch verschieden. Nicht jeder wird von dem Reiz, der Lust auszulösen vermag, in derselben Tiefe erreicht, kann mit derselben Fülle des Antwortens reagieren und von derselben Intensität ergriffen werden. Derselbe Reiz löst nicht bei jedem dieselbe Dauer eines Lustgefühls aus. Unser Dasein ist nicht allein davon bestimmt, was uns an Lustmöglichkeiten von der Außenwelt zugeführt wird, sondern viel wesentlicher davon, was wir an Möglichkeiten von Reaktionen im emotionalen Bereich in uns tragen. Wir wissen nichts Genaues darüber, ob die gefühls- und lustbegabten Menschen durch entsprechende Leitbilder und Kindheitserfahrungen, also durch ihre Umwelt gefördert wurden, oder ob das konstitutionell Vorgegebene den Akzent setzt. Tatsache ist jedoch, daß viel emotionale Verkümmerung und Gefühlsundifferenziertheit und damit Erlebnisverarmung dann entsteht, wenn im persönlichen Lebensraum, in der Familie oder im größeren Kollektiv, in dem wir verankert sind, Gefühlswerte nicht kultiviert werden. In der Behandlung von Gefühlsarmen und in ihrer Erlebnisfähigkeit Gestörten kann man viel Nachreifung und Funktionsentfaltung erleben, wenn diese Möglichkeit bei den einzelnen auch verschieden groß ist. In »Fühlen was Leben ist« habe ich ausführlicher über die Bedeutung der Gefühlsfunktion geschrieben.

Es ist beglückend, zu wissen, daß Lust- und Glückserlebnisse nicht vom äußeren Wohlergehen, von materiellem Wohlstand, von der Fülle der Umweltangebote abhängig sind. Wenn ein erlebnisfähiger früherer Hirt, der vom sozialen Status her zu den einfachsten und ärmsten der früher ohnedies sehr bescheiden lebenden bäuerlichen Bevölkerung zählte, von dem Glück des an sich mühsamen Almauftriebs berichtet, von den kleinen Nelken am Hut für die Sennerin, dann wir deutlich, was Lebenslust und Erlebnisreichtum sind. Das Fehlen dieser Lebensqualität wird sichtbar, wenn man Wohlstandsjugendliche sieht, die Langeweile ausstrahlen und über Sinn- und Lustlosigkeit ihrer Tage klagen, obwohl sie schon einen guten Teil der Welt gesehen haben und, was kulturelle Angebote und materielle Möglichkeiten anbetrifft, in der Überfülle leben.

Man hat Lust zu definieren versucht. Dabei wurde das Lustgefühl als das Ergebnis bezeichnet, das auftritt, wenn ein Spannungszustand beendet wird. Lust ist dann das Fehlen von Unlust. Zweifellos sind Unlust, Leid und Unglück immer gekennzeichnet durch das Fehlen von Lust, Freude und Glück. Es geht hier wie bei anderen Gegensatzpaaren aber nicht um sich widersprechende, sondern um sich ergänzende Lebensäußerungen. Man sollte darum nicht das eine durch das andere erklären, vielmehr haben Lust und Leiden ihre ihnen jeweils spezifisch eigenen Qualitäten, ihren selbständigen Sinn, ihren besonderen Bezug zum Dasein. Keine Unlust zu haben bedeutet noch lange nicht Auslösung eines Lusterlebnisses, nämlich den Drang, weiterhin lustvoll zu leben. Lust als Ende eines Spannungszustandes zu erleben ist eine Vorform der Lust. Man könnte auch sagen: Entspannung ist die primitivste Form von Lust. Es ist dann schon eine Lust, eine gefüllte Blase zu entleeren und das Behagen wahrzunehmen, das davon begleitet wird. Wie weit Lust reicht, in welche Höhen und Tiefen sie zu führen vermag, dessen sind wir uns noch wenig bewußt. »Lust ist tiefer noch als Leid«, formulierte Nietzsche, »denn alle Lust will Ewigkeit.« Damit ist nicht die Lust-Sucht, das Verfallensein an die Lust und an die Maßlosigkeit angesprochen, vielmehr das Ahnen davon, daß Lust Leben ist, daß sie verbunden ist mit dem immer aufs neue sich vollziehenden Lebensprozeß. Lust will das Leben, ist Lebensbejahung.

Lust ist nicht allein das, was wir über die Sinneswahrnehmungen als angenehm und wohlig empfinden können, aber das ist die einfachste Form des Lusterlebens. Diese Empfindung wird in ihrer elementaren Bedeutung allzu leicht unterschätzt. Auch die primitiven Lusterlebnisse im leiblichen Bereich bestimmen unser Lebensgefühl, unsere Stellungnahme zum In-der-Welt-Sein ganz wesentlich mit. Leibliches Wohlbefinden wirkt sich bis in geistige Prozesse hinein aus. Wenn ich zum Beispiel Schmerzen habe oder auch nur einen intensiven Schnupfen, ist mein Insgesamt an Lebenslust und -schwung schon mehr oder weniger stark beeinträchtigt und gestört. Dabei hängt das Mehr oder Weniger von mehreren Faktoren ab: von der Intensität des Schmerz- und Unlusterlebens wie auch von der im ganzen vorhandenen Quantität und Qualität meiner Lebenslust und -freude.

Goethe formulierte Lust als den inneren Aufschwung eines glückerfüllten Lebens. Er hat damit die Dynamik der Lust wie auch ihre Berührung mit dem Sinnbereich angesprochen. Sehr häufig werden Lust und Glück, Lust und Liebe in einem Satz und Zusammenhang genannt. Damit wird ausgedrückt, was für eine breite Skala von Empfindungen mit dem Begriff des Lusterlebens verbunden ist. Wir wählen dann, wenn eine höhere und weniger elementare Ebene des Lusterlebens angesprochen ist, auch andere Worte, die beinhalten, daß der Mensch in allen Ebenen ergriffen wurde. Dann sprechen wir von Freude, von Glück und von Liebe. Diese Begriffe beinhalten immer ein totales Angesprochensein in allen Ebenen unseres Menschseins.

Die Bedeutung der Lust haben die Philosophen schon früh erkannt. Die Philosophen der Antike formulierten klar, daß Lust- und Glückserlebnis der Antrieb sind zu unserem Handeln. Sie schufen darum eine Ethik, eine Wertlehre, die sagt, daß dauerhaftes und in der Totalität des Menschen begründetes Glück – Glück ist eine hohe Form von Lustgefühl – letzten Endes nur in der Übereinstimmung mit dem

Guten zu erreichen ist. Dabei wird das Gute als das verstanden, was auch persönlich zum Guten frommt. Es geht also nicht um eine masochistische Selbstverleugnung. Mein Gutes ist vielmehr, sofern es sich um ein wirkliches Gut handelt, immer identisch mit dem Guten der andern, dem Guten in der Welt. Der fromme Mensch würde formulieren: mit Gott übereinstimmen, das heißt immer auch mit dem Göttlichen in mir. Der Tiefenpsychologe würde sagen: Glück und Teilhabe am Guten erreiche ich, wenn der Archetyp der Ganzheit in mir wirksam wird. Der in reinen Zweckkategorien denkende und von Nützlichkeitsmaßstäben beherrschte Mensch formuliert anders: Die Lust ist der Trick der Natur, mit der sie den Menschen zwingt, das biologisch Zweckmäßige zu vollziehen. Wer zu denken bereit ist, muß feststellen, daß hier die Natur als eine Macht eingesetzt wird, die zu denken, zu erkennen, Leben zu gestalten vermag. Man unterschiebt der Natur Bewußtsein, ähnlich wie einem Gott. Lediglich das emotionale Stellungnehmen gegenüber dieser Allmächtigkeit ist bei den Naturaposteln anders: Es fehlt ihnen das Erlebnis des Numinosen. Sie kommen jedoch um den Begriff eines solchen Faktors X nicht herum. Ihm werden auch stillschweigend gottähnliche Fähigkeiten unterschoben. Doch gebärden sie sich dabei so, als wäre dies gar nichts Besonderes. Weil der Faktor X nicht faßbar oder gar reduzierbar ist, beenden sie hier ihr Fragen und Verwundern. Sie verweigern ihr Erstaunen. Dahinter steht die Verdrängung ihres emotionalen Erlebens. Sie lehnen es ab, sich als Subjekt zu erleben, weil sie alles objektivieren wollen, auch sich selbst. Im Begriff Gottes oder des Numinosen dagegen ist das subjektive Ergriffensein mit enthalten.

Von diesen Denkern wird nicht erkannt, welch großer Anteil am Menschen und seiner Lebensgestaltung gerade darin liegt, Subjekt zu sein, emotional Stellung zu nehmen. Jedes Lusterlebnis ist etwas Subjektives und fordert mich als erlebendes Wesen. Mein Fühlen und Empfinden zeigt mir jeweils an, was dies und jenes für mich jenseits von Zweck oder Nützlichkeit bedeutet. Erst damit vermag ich zu erkennen, in welcher Rangordnung etwas in der Skala der Bedeutsamkeiten und Werte steht und Lebenslust auslöst. Wer nicht zu fühlen vermag, kann auch nicht lieben, dringt nicht vor zu den höchsten Formen der Erkenntnis und Weltteilhabe. Um etwas in seinem Wert, seiner Bedeutung für mich oder im allgemeinen beurteilen zu können, genügt nicht allein die Fähigkeit zu denken. Damit kann ich wohl Zweck, Nutzen und Verlauf einer Sache wahrnehmen. Dies stellt jedoch noch keinen Wert dar. Werte sind etwas Verbindliches, das mich selbst angeht.

Es läßt sich viel über einen Menschen aussagen, wenn ich weiß, was ihn beglückt, in ihm nachhaltig Lusterlebnis und Freude bewirkt, und was ihn abstößt, ihm Unbehagen bereitet. Wenn zwischen Partnern nicht wenigstens teilweise Übereinstimmung der Lustebenen und damit der fortwirkenden Lust und Beglückungserlebnisse vorhanden ist, gibt es wenig von jenen gemeinsamen Erlebnissen, die verbinden und Menschen einander näherbringen. Darum ist es außerordentlich wichtig, ob mein Partner und ich über dasselbe lachen und auch über dasselbe weinen können. (Vergleichen Sie dazu mein Buch: Das Schöne schwere Miteinander.) Man kann über die Ratio bestenfalls den ökonomischen Wert einer Sache feststellen. Um die Qualität von Sachen oder Personen beurteilen zu können, sind neben dem Denken andere Funktionen erforderlich, vor allem die Gefühlsfunktion. Die Wertphilosophie sagt, daß die Welt überhaupt nur in Akten des Fühlens, in Werterlebnissen, erfaßt werden kann. Viele Philosophen haben sich mit der Frage auseinandergesetzt, ob es eine objektive Wertwelt gibt, ein objektives Reich der Werte, das schon Platon in seiner Ideenlehre konzipiert hat. Die empiristische Wertphilosophie versteht die Werte nur als Abstraktionen, die aus den Werterlebnissen des Menschen resultieren, weshalb sie sich der psychologischen und soziologischen Erforschung der Werterlebnisse zuwendet. Dabei wird zuweilen übersehen, daß die im Menschen verankerte Wertfindung und -gestaltung von höchster Bedeutung ist für unser In-der-Welt-Sein und unser Welt-Erfahren.

Eine Wertrangordnung ist schon bei den Philosophen umstritten, muß aber erst recht aus psychologischer Sicht abgelehnt werden. Zweifellos gibt es eine Hierarchie der Werte, die mit der menschlichen Entwicklung und der jeweiligen Differenzierung einhergeht. Gefühlsmäßig neigen wir dazu – und das bestimmt häufig auch unser Denken –, die differenzierteren Werte höher einzustufen. Das ist durchaus berechtigt, weil sie im Verlauf der biographischen Entwicklung auf höherer Stufe stehen, und auch darum, weil höhere Werte weniger leicht zu verwirklichen sind, uns mehr abverlangen. Daraus jedoch auch einen höheren objektiven Wert abzuleiten ist gefährlich. Wir laufen dadurch Gefahr, in Einseitigkeiten zu geraten, elementare Werte zu vernachlässigen oder gar abzulehnen. Es gibt zweifellos eine Rangordnung der Werte. Eine *Wertrangordnung* der Werte ist jedoch äußerst fragwürdig. Das Glücksgefühl, das ein tiefes Verstehen von Mensch zu Mensch auslöst, ist viel weitreichender, umfassender und nachhaltiger als etwa ein ausgezeichnetes Essen. Dies gilt für den Menschen unserer Kulturstufe im Normalfall. Es stimmt jedoch schon nicht mehr, wenn von einem Essen abhängt, ob einer verhungert oder nicht. Auch die allereinfachsten Lusterlebnisse können maximale Bedeutung erreichen. Es ist darum immer wieder zu beobachten, daß Menschen, die voll im Leben stehen und vom Dasein im tieferen Sinn etwas verstehen, die ganze Skala der Lust erleben können und auch zu schätzen wissen. Denken wir nur daran, wie sich viele von den bekannten und über die Jahrhunderte hin berühmt gebliebenen Persönlichkeiten am Essen und Trinken freuen konnten. Wer über genügend Werterlebnis aus den anderen Lust- und Glücksbereichen verfügen kann, muß nicht fürchten, im Essen und Trinken maßlos zu werden und sich darin zu verlieren. Die Teilhabe an differenzierten Werterlebnissen bewahrt immer davor, ein Lüstling zu werden. Wenn Eßzwänge Lustersatz darstellen, haben sie Symptomwirkung, das heißt, sie fordern uns heraus, nach den verborgenen Ursachen zu suchen.

Sofern Lust und Freude in erster Linie als sinnliche Lust verstanden werden und dies Lebensinhalt ist, sprechen wir vom Genußmenschen, der in der späten römischen Zeit als Epikureer bezeichnet wurde, obwohl Epikur in seiner Philosophie lehren wollte, wie man durch Nachdenken zu einem glückseligen Leben gelangen kann. Auch der aus der Antike stammende Hedonismus, eine philosophische Lehre, formulierte klar und deutlich die tiefreichende Bedeutung aller Lust und forderte darum den Menschen auf, in seinen Handlungen und Verhaltensweisen immer nach Lust zu streben. Hier wurde Lust in einem tiefen und hohen Sinn zugleich begriffen, nämlich als die Triebfeder zu dem Verhalten, das uns in die Welt der Werte führt. Die Lust wurde zur Grundlage der Ethik. Daß Hedonismus später zu einem primitiven, billigen Luststreben umgeprägt wurde, spricht nicht gegen die früheren Erkenntnisse über die Lust. Vielmehr wird hieran deutlich, daß alles Wissen und alles Erkennen erst dann Wirklichkeit werden kann, wenn entsprechende Wissens- und Erkenntnisträger und -verwirklicher vorhanden sind. Der Mensch hat immer wieder größte Hemmungs- und Bedenkenlosigkeit gezeigt, wenn es darum ging, unbequeme Erkenntnisse zu verdrängen oder zu manipulieren.

Das Lustprinzip

Wenn Weiterentwicklung und Differenzierung im Bereich des Lusterlebens ausbleiben, wenn also Erlebnismöglichkeiten und Unterscheidungsfähigkeit für höhere Werte (höher ist hier nicht verstanden als Wertung, vielmehr als spätere Folge und mehr Differenzierung) nicht entwickelt werden, wird das volle Quantum an notwendiger Lebenslust aus den einfachen Lustbereichen bezogen. Dann werden alle leiblichen Genüsse übersetzt, alle materiell verankerten Glückserlebnisse werden zu Schwerpunkten. Dies hängt aufs engste mit unzureichender emotionaler Reifung und Differenzierung zusammen, sofern es sich nicht um neurotische Kompensationen handelt. Für ein Kind ist lange Zeit ein Eis oder eine andere Leckerei so stark lustbesetzt, daß es darum streitet, weint, kämpft. Ab einem gewissen Alter streitet man nicht mehr wegen einer Handvoll Bonbons. Schon in der Reifezeit, in der normalerweise Gefühlsdifferenzierung und -vertiefung einsetzen, wird man weniger bestechlich und käuflich durch materielle Genüsse. Dies ist nicht dadurch zu widerlegen, daß es Menschen gibt, die ihr Leben lang um eines kleinen materiellen Vorteils willen jede menschliche Anständigkeit beiseite lassen. Wer zu der Reifung nicht gelangt, in der man immaterielle Werte erleben und erkennen kann – was überhaupt nicht mit Intelligenz und Rationalität verbunden ist –, wird in dem Bereich einfacherer Lüste lustsüchtig. Daß es sich dabei um eine primitive Entwicklungsstufe handelt, ist in dem Wort vom Lustmolch deutlich ausgedrückt. Der Molch hat keine Voraussetzungen zu differenziertem Erleben, vielmehr ist er das Sinnbild einer frühen, noch undifferenzierten Entwicklungsstufe in der Evolution der Lebewesen.

Wenn die Libido sich vorwiegend auf Lustsuche hin orientiert, bleibt nicht viel übrig für die Hingabe an anderes. Ein Analysand, der von seinem Genußstreben viel mehr, als er wußte, beherrscht war, träumte, daß auf seinem Schreibtisch lauter Weißwürste lagen, die er so gerne mochte. In der Bearbeitung des Traumbildes fiel ihm auf, daß man an einem solchen Schreibtisch nicht arbeiten kann, nichts zuwege bringt. Er ärgerte sich zwar insgeheim darüber, daß andere früher befördert wurden als er und mehr Ansehen unter den Arbeitskollegen genossen. Daß man in der Weißwurst-Faszination – in der übermäßigen Hingabe an materiellen Genuß – nicht Lust und Liebe hat zu großen Taten, vielmehr träge und bequem seine Tage zubringt, das hatte er bisher nicht wahrhaben wollen. Nun könnte man entgegnen: Laßt diesen Mann doch glücklich sein bei seinen Weißwürsten, Schnitzeln und Steaks, nehmt ihm doch nicht die Freude an seinen guten Weinen! Das wäre ernsthaft zu erwägen, wenn dieser Mensch auch wirklich glücklich gewesen wäre. Er war nicht einmal zufrieden. Seine Unzufriedenheit mit dem Leben und mit sich selbst wurde zwar durch die Fülle der Genüsse, die er sich immer freimütiger gönnte, kurzfristig übertönt. In seinem Verhalten zu seiner Umwelt, zu seiner Frau und den Kindern aber war er lustlos und für die andern in seinem egoistischen Gehabe eine Last. Seine Träume als die Sprache seines Unbewußten zeigten seine Problematik in vielen Aspekten an. Die Psyche läßt sich zwar in ihren Warnfunktionen übergehen, aber nicht täuschen. Dieser junge Mann hatte hypochondrische Ängste entwickelt, die als Symptom genau das ausdrückten, was seine Lebenssituation war: Er war übermäßig um sich selbst besorgt, sah außer seinem Wohlergehen überhaupt nichts in der Welt. Trotzdem konnte er in der von ihm gewählten Umsorgung seiner selbst, die sich ohne Bezug zu den andern vollzog, keine echte Befriedigung und Ruhe finden. Wer über seinen Nabel nicht hinausschaut, dem wird der Nabel schließlich unheimlich. Der Narzißmus dieses Patienten, die Besetzung durch das Lustprinzip war mächtig.

Er empfand schon die geringste Frustration als eine solch starke Lusteinbuße, daß er sie nicht auszuhalten vermochte. Gesund werden wollte er, jedoch ohne sich zu ändern. Lust und Lebensglück normaler Menschen wollte er zu seinem genußreichen Dasein dazu haben. Das geht aber nicht, weil sich infantile Genüßlichkeit und Hingabe an differenziertes Lebensglück gegenseitig ausschließen. Der Patient hat die Behandlung abgebrochen, nachdem ihm in einem Traum klar gesagt worden war, was an Entscheidung von ihm verlangt wurde.

Man kann sagen, daß der Grad der narzißtischen

Zuwendung zur eigenen Person darüber entscheidet, wieviel Toleranz gegenüber der Unlust, wieviel Befähigung, Unlust zu ertragen, vorhanden ist. Solchen narzißtisch sich zelebrierenden Menschen kommt die Konsumentenhaltung, zu der unsere Gesellschaft provoziert, sehr entgegen. Der narzißtische Mensch ist durch frühkindliche Fixierungen geprägt und immer auch durch die orale Phase mit dem unersättlichen und chronischen Bedürfnis nach Haben-Müssen. Es lohnt sich, darüber nachzudenken, in welchem Ausmaß unsere Gesellschaft Infantilität fördert, sanktioniert und viele zu regressivem Verhalten verleitet.

Wie deutlich sich zuweilen unbewußte Mitteilungen äußern, zeigt auch das Traumbild einer Patientin. Sie schwimmt in einem großen Teich, was sie an das Baden in ihrer Kindheit erinnert. Als sie an Land gehen will, kann sie nicht ans Ufer gelangen, weil sie durch immer neues Gerümpel davon abgehalten wird. Bei näherem Hinschauen sind da alte Puppenwagen, riesige Puppenstuben und Puppenküchen, alte Fahrräder und außerdem viele Kartons, die da herumschwimmen und den Weg verbauen. Auf den Schachteln steht der Name einer bekannten Schokoladefirma. Die Analysandin assoziiert zu dem, was hier wie auf einem Müllabfuhrplatz aufgehäuft ist, daß dies lauter Dinge ihrer Kindheit sind, die ihr viel Freude gemacht haben. Die Schokolade allerdings ist auch heute noch von großer Bedeutung, sagt sie. Bei näherer Befragung wird deutlich, daß diese Frau mit ihren fast vierzig Jahren im Grunde noch von dem Glück ihrer Kindheit lebt. Dadurch kommt sie nicht ans Ufer zu der Welt der Erwachsenen. Im Traum sind nämlich einige erwachsene, ihr bekannte Menschen am Ufer spazierengegangen. Die Lustsuche in der Vergangenheit tritt oft auf, wenn die Gegenwart nicht adäquat und lustvoll angegangen und gestaltet werden kann. Über die Schokoladegenüßlichkeit wurde der Träumerin bewußt, daß sie immer wie als Kind »Sofort-Lust«, wie sie es nannte, haben muß. Wenn die geringste Belastung gefordert, die kleinste

Enttäuschung erlebt wurde, brauchte sie Süßigkeiten im Sinne von Tröstung und vordergründiger, kindlicher Lustbefriedigung. Die Schokolade war wie eine Art Mutterersatz. »Immer, wenn mir etwas Unangenehmes widerfahren ist, flüchtete ich in die Arme meiner Mutter, die mir auch immer etwas in den Mund steckte, um mich zu trösten.« Es war eine von jenen Müttern, die den Stuhl ausschimpfte, wenn ihr Kind sich daran gestoßen hatte. Dann war es ein »böser Stuhl«. Es war ein weiter Weg, aus solcher Lust-Überfütterung zum lustvollen Erleben der Gegenwart eines erwachsenen Lebens zu finden. Später kam die Äußerung: »Früher war ich eine elegische Transuse, der das Leben davonlief. Ich kann jetzt erst jeden Tag richtig erleben und etwas damit anfangen. Jetzt macht mir das Leben Spaß. Früher war ich immer unzufrieden.«

Da wir ohne ein gewisses Maß an Lust nicht auskommen, um das Dasein gestalten zu können, muß jeder sein Lustquantum da suchen, wo er es finden kann. Die moralische Entrüstung hierüber ist eine Lustsuche der Entrüster, sich als überlegen und besser zu fühlen. Diese Art von pharisäischer Befriedigung wird dann gesucht, wenn wir aus der Verdrängung heraus uns unsere eigene, in uns selbst vorhandene Lustsuche auf primitiver Ebene verwehren müssen, wenn wir selbst uns also allzusehr zum Lustaufschub gezwungen haben und dies nicht aus dem Vollzug der Integration geschehen konnte. Lernen wir darum endlich, das Moralisieren zu unterlassen, wo es fehl am Platze ist und nur dem Moralprediger dient und dessen Lustgewinn. Dann könnte echte Moral im Sinn der Wertfindung und Wertverteidigung sich entwickeln.

Wenn wir über den maßlosen Esser und Trinker, den Raucher, den Sexsüchtigen, den Haben-Müsser, den Raffer und all die aus ihrem Maß Gefallenen nachdenken, ist es sinnlos, sie mit Entrüstung und Verurteilung zu belegen. Das hilft weder den andern noch uns. Die Entwerteten werden dadurch nur noch mehr dahin getrieben, sich damit zu identifizieren, also noch mehr Gier und Sucht zu entwickeln, um sich auszuhalten. Auch wir haben in der Begegnung mit solchen Phänomenen nur dann etwas gelernt, wenn wir diese Problembeladenen, aus der inneren Balance Geratenen als Phänomen erkennen, das uns selbst auch angeht. Sie verweisen auf die stete Gefährdung alles Menschseins. Wer weiß, wieviel Gier und Suchtgefährdung in uns selbst lauert? Wir lernen dann darüber nachzudenken, woher solche Verzerrungen der Lustsuche kommen, und auch darüber, was im einzelnen und im größeren Bereich Hilfreiches zu gestalten ist.

Wenn Menschen sich solchen Gestörten zuwenden und unbewußt sich doch von ihnen absetzen, ist dies oft ein Zeichen dafür, daß sie sich mit ihren eigenen Schattenproblemen zu wenig beschäftigen und zu wenig darum wissen, was ihre eigenen Maßlosigkeiten sind, die sie vermutlich nur verdrängt haben. Wir neigen häufig dazu, über die andern unsere eigenen Probleme, auch unsere Schuldgefühle, aufzuarbeiten. Dies vollzieht sich projektiv in der Außenwelt viel leichter als im eigenen Innern. Dieses Thema wurde von mir ausführlich in meinem Buch »Sich selbst begreifen« bearbeitet. Den andern in seiner Problematik zu verstehen heißt darum nicht einfach nur mitzufühlen, sich einzufühlen und sich mit ihm zu identifizieren oder gar eigene Probleme beim andern mitzuagieren. Wirkliches Verstehen ist nicht ein Verschwimmen zwischen Ich und Du. Durch Einfühlung soll vielmehr mit der notwendigen Unterscheidung über das Verstehen ein Erkenntnisvorgang eingeleitet werden, der Zusammenhänge offenbart und Lösungsmöglichkeiten intendiert. Eine Gesellschaft, die den Gestörten heroisiert, ihn als Mittel zur Aufarbeitung eigener Schuldgefühle benützt, ist gefährdet. Auf diese Weise erfolgt zwar eine sentimentale Entspannung im anstehenden Problem, jedoch vollzieht sich damit noch keine Aufarbeitung. Die Identifikation mit dem Kranken und Gestörten ist neurotische Agitation, die weder dem Kranken echte Hilfen und Lösungen bringt noch den Gesunden zu sinnvollen Stellungnahmen initiiert.

Lustsüchtigkeit ist ein Merkmal dafür, daß in wesentlichen Bereichen der Persönlichkeit Entwicklungsstörungen eingetreten sind, die eine dem jeweiligen Lebensalter und der jeweiligen Kulturstufe entsprechende Reifung nicht zulassen. Sofern Lust nur in Teilgebieten vollzogen werden kann, tritt ein Lustdefizit ein, das zwanghaft in Richtung nach Lustsuche wirkt. Lustmangel kann Zwänge auslösen. Der Rückgriff auf einfacheren Lustgewinn ist dabei fast immer zu beobachten. Wir alle kennen die Formen der Lustkompensation: Wenn wir uns zu viel zugemutet haben, uns in irgendeiner Weise frustriert fühlen, uns unter Spannungen erleben, brauchen wir viel häufiger und mehr oralen Lustgewinn. Wir essen dann mehr oder viel häufiger etwas Süßes oder Genüßliches. Der Raucher raucht dann noch mehr, der Trinker trinkt noch mehr, der Sex-Akzentuierte sucht noch mehr Entspannung über die Sexualfunktion, hier als vorwiegend leiblicher Lustgewinn verstanden, als Onanie oder als funktionaler Sexualakt. Fühlen wir uns jedoch erfüllt von einer Anstrengung, auch von harter Arbeit, ist dies nicht notwendig. Durch sinnvolle und lustvolle Anstrengung kann man zwar ermüden oder sich gar erschöpfen, man kann aber dabei die Lust dessen erleben, der etwas zuwege gebracht hat, dem etwas gelungen ist, der irgendeinen Sinn erfüllt hat. Echte Lust ist Lebensgestaltung. Wenn diese nicht gelingt, tritt das Verlangen nach Ersatzlust auf. Da sie jedoch eine Form von Selbsttäuschung ist, führt sie zu keiner echten Befriedigung, vielmehr bleibt immer ein Rest von Unbefriedigtsein im tieferen Sinne, so daß auch immer ein Rest von Verlangen bleibt. So entsteht die Sucht, die heute weltweit den Menschen bewegt. Beim Süchtigen wird ein immer größeres Quantum an Lust-Ersatz notwendig, um das erlebte Defizit auszufüllen. Die Ersatzlust führt im Grunde in zunehmende Unlust. Unser Inneres läßt sich nicht täuschen.

Wer stets hinter der Lustbefriedigung herjagt, erhebt die Lust zu seinem ausschließlichen Lebensprinzip. Alles unterliegt dem Grundsatz: Dient es meiner Lust? Es geht dann nicht mehr um den ursprünglichen Vorgang beim Lusterleben, nämlich daß Lust eine Begleit- und Folgeerscheinung richtig vollzogener Lebensprozesse ist, die darum lebenssteigernd und lebensfördernd sind. Dem Lustsüchtigen geht es nicht mehr um den mit dem Erleben des Lebendigseins gekoppelten Lustgewinn, vielmehr nur um die Lust an sich. Dann ist das Lusterlebnis losgelöst vom eigentlichen Vorgang, nämlich dem Lebensvollzug, der Lebensgestaltung. Es geht nun um Lust um der Lust willen. Sie ist damit kein integrierter Teil unseres Lebens, vielmehr wird das Leben der Lust untergeordnet. In solcher Verabsolutierung wird sie sinnlos und entleert. Lust hat dann keinen Inhalt mehr, dient nicht mehr dem Leben und ist damit nicht mehr die Grundlage echten Glückserlebnisses. Dies ist losgelöste, narzißtische, verfremdete Lust, die damit ihr Wesentliches, ihre Grundlage eingebüßt hat. Dabei geht es nicht mehr um Leben, um Erleben, sondern um das *Lustprinzip*. Lust ist eine umfassende und weitreichende Form des Lebens; wenn sie jedoch zum Prinzip erhoben wird, ist sie lebensfeindlich, weil sie alle Libido für sich, für ihre Zwecke verwenden will. Aus diesen Zusammenhängen läßt sich entnehmen, daß ein Lusterlebnis, das sich vom Bezug des realen Lebens trennt, auch von der realen Welt entfernt stattfindet und im Bereich der Ersatzlust Scheinbefriedigung sucht. Damit verbunden ist auch der Aufbau einer Scheinwelt. Ich muß dann die Welt so wahrnehmen, daß ich die in der Welt und in meinen Lebensvollzügen enthaltenen Aufforderungen an mich und mein Mitwirken, meine Hingabe übersehen kann. Dies führt dazu, daß nur noch Ausschnitte des Seins wahrgenommen werden. Die damit vollzogene Auswahl erfolgt unter dem Aspekt der Zweckdienlichkeit für Lustgewinn. Alles andere wird verdrängt. Die Verdrängung spielt für den infantilen Lustsucher eine besondere Rolle. Darum ist er gefährdet.

Das Leben gestattet uns nicht, über ein gewisses Maß hinaus Welt und Sein zu verleugnen, uns in genüßliche Distanz zu begeben. Wer Wirklichkeitsbegegnung verweigert, verfehlt sein Leben. Darüber soll in den späteren Kapiteln noch mehr berichet werden.

Wenn Lustgewinnstreben die Persönlichkeit beherrscht und damit dominierend ist, wird Lust zur Gier. Leidenschaften werden dann zerstörend, wenn das Ich jede Steuerungsmöglichkeit verloren hat und sie vom angestrebten Inhalt her nur egoistischen Zwecken dienen. Die verheerende und eine Persönlichkeit auflösende Wirkung einer extremen Leidenschaft ist nicht allein von ihrer Intensität abhängig, sondern vor allem von der Frage, ob es sich um narzißtische Wunschbefriedigung handelt oder nicht. Wenn um einer großen Sache willen, im sozialen Bezug, im Dienste des Lebens Leidenschaftlichkeit größter Intensität entwickelt wird, sprechen wir darum nicht von Selbstzerstörung und Ich-Verlust, vielmehr von Hingabe und Opfer. Daß dabei auch Realitätsbezug und Teilbereiche des persönlichen Lebens zurückgelassen werden, ist einleuchtend.

Sigmund Freud hat die Beziehung zur Realität im Zusammenhang mit Gesundsein oder Kranksein klar erkannt und zum grundsätzlichen Phänomen in seiner Neurosenlehre erhoben. Der seelisch Kranke, speziell der Neurotiker, lebt nach Freud nach dem Lustprinzip und negiert damit das Realitätsprinzip. Dahinter verbirgt sich immer die Angst vor der Wirklichkeit, der man sich nicht gewachsen fühlt. Nach Freud ist der Schritt vom reinen Naturmenschen hin zum Kulturträger nur unter Triebverzicht möglich. Er spricht von der Sublimierung, die notwendig ist, um Kultur entstehen zu lassen. Darunter ist die Verwandlung biologischer Triebregungen in soziale Verhaltensweisen zu verstehen. Lustsuche auf leiblicher Ebene soll dabei transformiert werden in psychisch akzentuierte Lusterlebnisse. Der Antrieb, die psychische Energie, wird bei Freuds Denksystem immer vom Trieb her verstanden, der rein naturwissenschaftlich als im Oganischen gegründet gedacht wird. In der zu seiner Zeit üblichen Denkweise dient alles biologischen Zwecken, letztlich der Arterhaltung. Inzwischen wurde uns immer mehr bewußt, daß der Mensch zweifellos zu diesem biologischen Bereich des Seienden gehört, jedoch daraus allein nicht ohne Vergewaltigung im Denken zu erklären ist. Wer die Evolution verfolgt und die immer neuen Lebensentfaltungen, erkennt darin ein Gestaltungsgeschehen, das sich so verhält, als ob es um ein Ziel wüßte. Mit dem Trieb können wir beim Menschen nur seine biologische Ebene teilweise erklären, jedoch nicht mehr. Mit der Einführung des Begriffes der Sublimierung ist nichts ausgesagt. Aus dem Trieb selbst kann sie nicht stammen, denn er ist nicht auch zugleich die Kraft, welche die Erreichung des Triebzieles verhindert. Es ist redlicher und auch wissenschaftlicher, das Rätselhafte und Unerklärte in unserem Sein einzugestehen. Wenn wir dann Phänomene beschreiben, sind wir uns mehr bewußt, daß wir beschreibende Beobachter sind und uns weiterhin um Erklärungen bemühen müssen. Dann kann man auch mit der Psychologie weniger Mißbrauch treiben.

Herbert Marcuse hat das Lustprinzip verabsolutiert und als mit dem Leben identisch verstanden. Bei ihm ist wie bei Freud Lust weitgehend mit Sexualität und Leiblichkeit gleichgesetzt. Seit Freud wurde Lust mit Triebbefriedigung identisch. Während Freud im Realitätsprinzip und im teilweisen Triebverzicht jedoch das Grundelement der Kultur sah, was er als menschliches Anliegen im Bereich menschlicher Entwicklung akzeptierte, fordert Marcuse etwas anderes: die uneingeschränkte Triebbefriedigung und Lustsuche als Lebensprinzip. Damit begründet er eine Kultur auf narzißtischer Entwicklungsstufe. Wo jedoch der Mensch vom Lustprinzip beherrscht wird, vollzieht sich etwas ganz Grundsätzliches: Die Weiterentwicklung wird unmöglich, weil alle Energien sich auf die Lustsuche hin verschwenden und der Zustand der Süchtigkeit entsteht. Letztlich führt das legalisierte Lustprinzip und der Narzißmus aller zu einem

Kampf aller gegen alle. Wir wissen aus der Behandlung von schweren Neurosen und von Süchtigen, daß das konsequent angewandte Lustprinzip letztlich in die Selbstzerstörung führt. Dabei werden die stete Lustsuche und die anhaltenden Lusterlebnisse mit zunehmendem Unbefriedigtsein und Unlust erlebt. Lust wird tödlich, wenn man sich ihr hingibt, ohne sich der Unlust zu stellen.

Um sich sozial zu verhalten, auch um kulturtragend und kulturschaffend zu sein, muß der Erwachsene ein gewisses Maß an Lustaufschub und teilweisen Lustverzicht erlernen, was zugleich auch ein Hineinwachsen in differenzierteren Lustgewinn mit sich bringen kann. Dies bedeutet immer auch Belastbarkeit in der Hinsicht, im Hier und Jetzt, in der Verlockung unmittelbarer Lust, Frustration ertragen zu können. Dazu gehört eine Entscheidung, gehört ein gewisser Bewußtseinsgrad und die Fähigkeit zum Nein-Sagen. Dies sind die Voraussetzungen dafür, sich zu größeren Zielen auf den Weg zu machen, die auch mehr Lustbefriedigung versprechen. Das »Mehr« bezieht sich auf länger anhaltende Befriedigungserlebnisse, die tiefere und intensivere Beglückung, sich in mehreren Ebenen erfüllt zu erleben. Im allgemeinen spricht man dann nicht mehr von Lust, vielmehr von Freude, Glück und Glückseligkeit, von Erfüllung und Sinnfindung.

Während auf der vitalen Ebene Lust als Lebenssteigerung, intensivere Teilhabe am Leben und als Ich-Zuwachs erlebt wird, ist das Lusterlebnis der späteren Stufen die Bereicherung durch die Teilhabe am Sinngeschehen. Es ist die Erhöhung unseres Handelns und Seins durch Hingabe. Der Sinn des Lebens ist nicht zu verbalisieren, weil er weder zu denken, zu intuieren noch zu erfahren ist. Das Ganze ist vom Teil nie zu überschauen, nur zu ahnen. Es gibt für uns nur die Möglichkeit der partiellen Teilhabe, die sich nicht allein in Höhepunkten, sondern auch ganz schlicht im Alltag erleben läßt. Von daher können wir verstehen, daß Glückseligkeit an religiöse Erfahrungen rühren kann. Es gibt nicht nur den Weg über das Leid zur Gottsuche. Für manchen führt er über die Lust, die Freude, das Glück.

Die orgiastischen Kulte früher Mysterien und Kulthandlungen können von all denen nicht verstanden werden, die leibliche und vitale Lust abwerten, denen der numinose Bezug, der in der Leiblichkeit erlebt werden kann, abhandengekommen ist. Wie nahe sich Sexualität und religiöse Erfahrung sein können, wie häufig das eine stellvertretend für das andere eingesetzt wird, wagen wir noch nicht zu sehen, nachdem schon vor Generationen Leiblichkeit verdammt worden ist.

Wie sehr sich Lust nicht allein im Bereich der Lebensvollzüge, sondern darüber hinaus in dem Erlebnis jeder Gestaltung erleben läßt, also im schöpferischen Bereich, mit dem kreatives Geschehen verbunden ist, kann jeder selbst erleben und an sich selbst beobachten. Wenn uns etwas gelungen ist, ganz einerlei in welcher Form, Art und Weise, auch richtiges Verhalten und Entscheiden gehören hierzu, sind wir befriedigt, erleben wir Freude. Dies ist nicht auf unser Erfolgserlebnis allein zu beziehen. Die Befriedigung liegt auch im gestaltenden Tun selbst. Glück ist nicht, ein Bild gemalt, ein Buch geschrieben zu haben, vielmehr der gestaltende Prozeß des Malens oder Schreibens selbst ist schon eine Quelle von Lust, selbst dann, wenn damit Mühe verbunden ist und anderer Lustverzicht. Oft ist ein Zurücktreten des Ich-Erlebnisses damit verbunden, weil Weltgestaltung ein Bezugnehmen über mich hinaus ist. Es ist auch mehr als nur aus dem Bereich unseres Bewußtseins stammend, mehr als Handlung und Wille. Alle schöpferischen Kräfte stammen aus dem Irrationalen. Die Wirkung, die bedeutende Menschen ausgelöst haben, beruht nicht auf ihren rationalen Fähigkeiten. Glück läßt sich weder im Alltag noch in den besonderen Ereignissen wollen, erzwingen, erjagen. Es kommt über uns im richtigen Erleben und im richtigen Tun.

Aus dem bisher Gesagten können wir ableiten: Die Lust

beherrscht unser Leben. Entscheidend ist jedoch, welche Lust-Ebene mein Leben gestaltet oder Dominanz erfährt. Der differenzierte, vital gebliebene, gereifte Mensch hat die ganze Skala aller lebenssteigernden Lust zur Verfügung. Die Teilhabe an der Lust höherer Ebenen bringt ganz von selbst Regulierungen und Maßfindung mit sich. Es bedarf dann keiner moralischen Gebote und Verbote. Wer im Lusterleben ein Fortgeschrittener ist, wächst bald über die Lustsuche im rein persönlichen Bereich hinaus und erlebt Glück nur dann, wenn seine Befriedigung nicht andern Unglück bringt. Glück ist für ihn in vollem Sinne nur möglich, sofern sein Lusterlebnis über ihn hinaus reicht, also Teilhabe am Sinngeschehen ist. Darum baut sich auf der Lust jegliche Ethik auf, nicht auf der Angst, auf Zwang und Vergewaltigung. Selbst Pflichterfüllung kann lustvoll werden, wodurch sie über das Pflichtgefühl hinauswächst. Wieweit uns dies gelingt, ist daran abzulesen, was wir danach an Lust-Mangel haben.

Für viele Pflichtmenschen ist jedoch die Möglichkeit der Lustsuche eingeschränkt und verkümmert, und die Angst vor der Lust bestimmt ihr Verhalten und Erleben. Da wir bei totalem Lustverbot und allzu großem Lustmangel jedoch erkranken, nehmen manche Menschen die Pflichterfüllung als Lustquelle. Das heißt, daß sie die Pflichtübung zum Lustersatz wählen. Hierher gehören jene, die sich nicht ihrer Problematik stellen und ihre übertriebene Hingabe an die Pflicht ethisieren, ohne selbst zu erkennen, daß sie auf ihre Weise Lust und Anerkennung, Bestätigung von andern wie auch von sich selbst über die extreme Pflichtleistung einheimsen wollen. Man erkennt sie an ihren Übertreibungen und daran, daß sie wesentliche Bereiche ihres Menschseins aussparen. Sie fühlen sich am wohlsten bei ihrer Ersatzlust, der Pflicht. Es ist ihre Form von Selbstbefriedigung. In der Analyse äußerte ein solcher alle Tage Akten um sich stapelnder Mann, daß er sich einmal dabei ertappt hat, wie er etwas wie Schreck und Angst entwickelte bei der Vorstellung, alle Akten seien aufgearbeitet. Es ist ihm dabei klar geworden, daß er dann nicht gewußt hätte, was er übers Wochenende tun sollte. Die Ablenkung von sich selbst und vom eigenen Leben, die Angst, sich dem lebendigen Begegnen und Erleben zu stellen, läßt sich durch übertriebene Pflichterfüllung besonders günstig tarnen. Dies ist auch ein häufig beschrittener Weg, den Frauen in ihrer Rolle als Hausfrauen und Mütter wählen. Wieviel Selbstbetrug und auch Täuschung der andern mit der Vorgabe von Pflichterfüllung und Opfer vollzogen wird, macht das Beispiel der Witwen und vom Partner verlassenen Frauen deutlich. Allzuoft wird der Mangel an Mut zu einer neuen Partnerschaft, der Kontaktmangel oder was es sonst sein mag, was von neuen Beziehungen abhält, als ein Opfer für die Kinder dargestellt. Ebenso werden diese als Vorwand genommen, negativ und destruktiv verlaufende Ehen aufrechtzuerhalten. Der Mangel an Mut zur Trennung, zum selbständigen eigenen Leben, wird zum Opfer für die Kinder umgemünzt oder aber zur Pflicht und Verantwortung dem Partner gegenüber. Die Variationen unserer ethisierenden Selbsttäuschungen zeigen eine barocke Vielfalt.

Es ist darum wichtig, unsere Lust, unsere Freuden, unsere Glückserlebnisse zu lieben und zu pflegen, weil sie eine Potenz unseres Lebens sind. Lust ist Lebensfreude, ist Hingabe ans Dasein, Teilhabe am Lebensprozeß. Lust ist darum etwas Herrliches, weil sie Leben fühlen und lieben läßt.

Die passiven Lusterlebnisse, die dann auftreten, wenn Unlust überwunden wird, ein Spannungszustand seine Lösung findet, sind der Ausgangspunkt unserer Lusterfahrung, der nicht fehlen darf. Höhere Lusterlebnisse erfordern aktives Dazutun, nämlich den kreativen Prozeß. Mein Subjektsein, mein Ich ist hier viel mehr beteiligt und mitentscheidend. Ich bin dann die Instanz, von der eine Entscheidung abhängt, die etwas leisten muß, die Weichen stellt aus dem Jetzt heraus für eine Folge, die ich dadurch mitbestimme, unter Umständen nicht nur für mich allein, sondern auch für andere. Daß sich dies in unserem banalen Alltag häufig vollzieht, muß uns erst noch bewußt werden. Wie ich andern begegne, in meiner Familie ebenso wie im Beruf, was ich für ein Chef, ein Lehrer, ein Arzt, ein Partner bin, davon wird nicht allein mein Leben bestimmt, sondern auch das der andern.

Die Angst vor der Lust

Da Lusterleben von solch hoher Bedeutung ist, können wir nicht ohne weiteres verstehen, warum viele Menschen, ja ganze Epochen von der Lustangst geprägt sind. In der Rückschau kommt uns dies widersinnig und lebensfeindlich vor. Die Lustangst steht jedoch in ihrem Ursprung in einem tieferen Geschehenszusammenhang. In der Menschheitsentwicklung war der Mensch lange Zeit ganz eingebettet in die Natur und erlebte Lust zunächst vorwiegend im vitalen Lusterleben. Jedoch schon die ersten Anfänge der Kultur forderten Lustaufschub, Lustverzicht, teilweise Sublimierung. Diese Forderung trat darum früh auf, weil der Mensch, das instinktarme Wesen, nicht aus seiner Naturhaftigkeit heraus, sondern aus seinem kulturschaffenden Wesen heraus das leisten muß, was ihn und seine Art erhält und somit vor Zerstörung schützt, wie auch die Weiterentwicklung gewährleistet. Wer den großen Forderungen des Lebens in den frühmenschlichen Phasen zuwiderhandelte, wurde entweder durch die Folgen selbst zerstört, wurde als gefürchteter Frevler von den andern vernichtet oder hart bestraft, oder aber er starb aus Selbstbestrafung oder Angst vor dem, was die Allmacht des Lebens – seine Götter – ihm als Rache auferlegen würden. Die persönlich geprägte Lust, die ichhafte Isolierung vom Ganzen, gab es lange nicht in der menschlichen Entwicklung. Lange war die Lust elementar mit der persönlichen Lebenserhaltung und der Arterhaltung gekoppelt, hatte damit auch kollektive Gültigkeit. Die Lostrennung und Isolierung als Ich konnte in diesen frühen Stufen gar nicht ausgehalten werden. Der Mensch dieser Kulturen konnte sich nur im Wir erleben und verstehen.

Die Entwicklung zum Ich setzt auch bei der Entwicklung des heutigen Menschen der Spätkulturen nicht sofort ein. Es dauert eine Weile, bis Kinder »Ich« sagen können. Das Trotzalter als erster Ablösungsprozeß findet seine Fortsetzung in der Reifezeit, in der erst die wesentlichen Schritte zur persönlichen Entwicklung und Gestaltung vollzogen werden. Das Hineinwachsen in unser eigenes Dasein, die partielle Entkollektivierung, hat ein gewisses Maß an Bewußtheit und damit an Entscheidungsfähigkeit zur Voraussetzung. Proportional hierzu muß, wenn eine harmonische Reifung vollzogen werden soll, auch die emotionale Reifung erfolgen, weil sie eine wesentliche Voraussetzung für Entscheidungen ist, indem sie Werterlebnisse erst ermöglicht. Das Bewußtwerden, die Ausreifung von Bewußtsein, dazu gehören nicht nur Fortschritte im Denken, sondern auch im Fühlen, was ebenfalls eine Bewußtseinsfunktion ist. All das sind in der Menschheitsgeschichte späte Errungenschaften, die von jedem einzelnen in seiner Menschwerdung nachvollzogen werden müssen. Es bedeutet die Möglichkeit, sich aus dem Ganzen, aus der unbewußten unmittelbaren Teilhabe am Leben für Augenblicke, in Teilbereichen, zu lösen, um ihm erkennend gegenüberzutreten. Diese Fähigkeit hatten zunächst nur wenige einzelne, die auf Grund dieser Begabung zu Anführern wurden. Der Mensch ist das erste »von der Natur freigegebene« Wesen. Dabei ist zu berücksichtigen, daß er sich nur in seinem Bewußtsein distanzieren kann, jedoch sich in seinem Handeln nicht gegen Naturgesetze wenden darf, sofern er nicht Schaden erleiden will oder gar mehr oder weniger Selbstzerstörung betreibt. Wo der Mensch Natur zerstört, wird auch ein Teil seiner eigenen Seinsmöglichkeiten zersetzt.

Die Angst, das Menschsein zu verfehlen

Die durch Bewußtsein vollzogene Distanzierung von der Natur löste zunächst große Angst aus. Das tiefgreifende, beängstigende und mühsame Ringen um Ablösung aus dem totalen Unbewußten ist in den Mythen der Völker gestaltet worden. Die Angst vor der Überflutung, dem Überwältigt-Werden des kleinen Ich durch die großen, das Leben tragenden und aufbauenden Kräfte, die auch in uns selbst sind, ohne die wir nicht leben könnten, ist allzu verständlich. Dabei geht es immer um die Angst, sich selbst als bewußtes Wesen wieder zu verlieren und dem großen Prozeß der blinden Natur anheimzufallen. Die frühen Kulturen und Religionen lassen erkennen, wie sehr der Mensch bemüht war, im Kontakt und vor allem in der Entsprechung der Zielsetzung der großen Mächte zu leben. Die Angst, in diesem Bereich sich fehl zu verhalten, war riesengroß. Lust war, in Übereinstimmung zu leben. Im Leben der Stämme war durch das Kollektiv die Verhaltensweise des einzelnen festgelegt, auch seine natürlichen Bedürfnisse wurden durch die Abläufe im Gruppengeschehen geregelt.

Wer glaubt, daß in früheren Kulturen der Baum in seiner materiellen Erscheinung angebetet wurde, wer annimmt, daß der Baum als solcher angesprochen wurde, irrt sich und hat nicht begriffen, um was es bei dieser Weltschau geht. Wenn ein Boot benötigt wird und gebaut werden muß, kann der von uns so genannte Primitive den Baum nicht einfach fällen und ihn dann als ein Ding behandeln. Die Zeremonie um das Baumfällen und das Gespräch mit dem Baum drückt die brüderliche und schwesterliche Beziehung zu allem Lebendigen aus und das Erlebnis starker Verbundenheit mit dem, was hinter dem Baum als materieller Erscheinung steht. Die hinter den Erscheinungen stehende und in materialisierter Gestaltung sich verkörpernde Lebensmacht wird erlebt. Es ist Frevel, sie unsinnig zu verletzen. Alles ist von dieser Macht getragen und bestimmt, weshalb alles in Bezug zueinander steht. Neueste Forschungen aus Rußland und Amerika bestätigen übrigens, daß Pflanzen so reagieren, als hätten sie eine Seele. Strommessungen zeigen ihre Erregung, wenn zum Beispiel ein Blatt abgebrochen oder eine Pflanze neben ihnen zerstört wird. Dabei konnte sogar festgestellt werden, daß Pflanzen ein Gedächtnis haben und nach längeren Zeiträumen noch den erkennen und auf den reagieren, der die Pflanze neben ihnen zerstört hat. Was solche Untersuchungsergebnisse an neuem Weltverständnis für uns einleiten werden, ist noch nicht abzusehen.

Nachdem der Mensch mehr Bewußtsein erreicht hatte, erfolgte die Verringerung der kollektiven Prägung. Was früher nicht Fesselung, sondern notwendige Hilfe zur Lebensbewältigung war, wurde nun zunehmend überholt. Der Mensch emanzipierte sich von dem Vorgegebenen und schuf sich immer größere Freiheiten, die persönliche Variationen in Gruppen und auch schließlich im Alleingang ermöglichten, eigene Entscheidungen und Nuancen zuließen. Die kultischen Prägungen wie auch die kollektiven Forderungen und Zwänge lockerten sich allmählich. Solche Veränderungen vollzogen sich nicht nur leise und kontinuierlich, vielmehr in Aufbrüchen und Krisen, die immer dann auftreten, wenn in einem Kollektiv viele einzelne in sich selbst die Voraussetzungen bilden, eine Veränderung herbeizuführen. Die Erfahrung in der Geschichte zeigt, daß es dabei viele passive Mitläufer gibt, die zwar die Vorteile der Neuerungen für sich wünschen, jedoch nicht bereit sind, die dazu notwendigen Opfer zu bringen und in sich selbst das Entsprechende zu gestalten. Darum bleiben immer viele im alten Verhalten der vorangegangenen Entwicklungsstufe gebunden, so daß zuweilen das neu zu Erringende noch nicht zustande kommt oder aber nur teilweise oder unzulänglich verwirklicht werden kann. Die zunehmende Freiheit des Menschen von kollektiver Bestimmung brachte für die zur Freiheit Begabten Entwicklungs- und Reifungschancen. Sie bildeten im eigenen Innern Grenzwerte und bauten in sich die Instanz des Über-Ich. Dieses konnte erst entstehen, nachdem Ansätze der Ichbildung, des Bewußtseins realisiert waren. Wer diesen Prozeß der Introjektion von sozialen Werten nicht mitmachte, bedurfte weiterhin der Führung durch klar geregelten Lebensablauf von außen. Nachdem dies nicht mehr gegeben war, versumpften darum viele in der nicht bewältigten Freiheit, ähnlich wie dies immer wieder zu beobachten ist, wo Menschen befreit werden von bisherigen vorgegebenen Leitlinien. Wir erleben solche Prozesse auch in unserer Gegenwart. Wer die von außen gegebene Führung nicht in innere Regulative und Prozesse umzusetzen vermag, verfällt dem Chaos und verliert den Status des Kulturträgers.

Die unbewältigte Entlassung aus der Bindung und Verbindlichkeit führte in vielen Kulturen, wenn nicht zu deren Untergang, so doch zu heftigen Krisenzeiten und entsprechenden Gegenreaktionen. Die bewußter lebenden Menschen sahen, wie viele ihrer Zeitgenossen zum Beispiel Gefangene waren ihrer Leiblichkeit, wie sie vom Begehren und von der Gier besessen waren. Sie ist das ungezügelte Verlangen und Begehren nach Lustersatz, wenn echte Lust und Teilhabe am gestalterischen Lebensprozeß nicht erlebt werden kann. Darum ist Gier das Symptom eines zwanghaften Balance-Verlangens. Das innerseelische Gleichgewicht von Nehmen und Geben, von Entspannung und Spannung, von Befreiung und Grenzsetzung ist gestört. Psychische Störungen sind fast immer Entfaltungsstörungen. Wenn notwendige Reifungsschritte nicht vollzogen werden können, beobachten wir die Regression auf frühere Entwicklungsstufen oder aber ganz allgemein die Betonung unserer vitalen Basis, die zu leben leichter gelingt, weil hier Lust unmittelbarer zu erreichen, ebenso Lustersatz leicht zu finden ist.

Alle bedeutenden Kulte, Weisheitslehren und Religionen in Ost und West haben darum dem Menschen Hilfen oder zumindest Leitplanken zu geben versucht, damit er nicht sich selbst überlassen ist. Es ist eine Menschheitserfahrung großen Stils, daß wir nicht aus uns selbst allein Lebensgestaltung und Entwicklung schaffen. Wir brauchen dazu nicht nur das, was in unserer jeweiligen Kultur an Wesentlichem vorhanden ist, wir brauchen auch den andern Menschen. Wir brauchen den Vermittler von Kulturgütern, brauchen den innerlich produktiven andern, den Bewußteren und Reiferen, der uns Möglichkeiten zu Lernidentifikationen bietet. Die Teilhabe an der innen zu leistenden Produktivität ist das Glück späterer Entwicklungen. Es ist das Glücksgefühl, das uns ergreift, wenn wir menschheitliche Anliegen in uns selbst verwirklichen. Darum ist es Aufgabe von Kulturen, für den einzelnen Hilfen zu entwickeln, die ihn unterstützen, zu solchen Erlebnissen zu finden.

Heute werden den christlichen Kirchen Vorwürfe und Vorhaltungen gemacht, weil sie in ihrem Wirkbereich nicht halfen, die vitale Seite des Menschen zu integrieren, das heißt sinnvoll einzuordnen, ihr den ihr gemäßen Stellenwert zu geben. Die Kirchen gaben nicht nur keine Hilfen zur positiven Bewältigung unserer Teilhabe am Naturreich, unserer Erd- und Leibgebundenheit, vielmehr führten sie zeitenweise in einen unheilvollen und gefahrbringenden Verdrängungs- und Verdammungsprozeß, an dessen Folgen wir heute noch zu leiden haben. Zweifellos haben die eigenen Probleme von leitenden Kirchenmännern mitgewirkt. Denn nicht nur im politischen und sonstigen kollektiven Leben werden unsere ganz persönlichen Schwächen und Unentwickeltheiten mit agiert, sondern auch im Bereich der Kirchen. Von Christus selbst kann die Leibfeindlichkeit, die weitgehend auch Frauenfeindlichkeit beinhaltete, nicht abgeleitet werden. Christus hat die Despotie der rein männlichen Werte überwunden. In vieler Hinsicht hat er der weiblichen Seinsweise wieder ihr Recht eingeräumt und damit die Einseitigkeit der Antike überschritten. Seine Zuwendung zum Welterleben über das Fühlen und Mitfühlen, sein zentrales Anliegen der Liebe, die Annahme der

Gestrauchelten und Schwachen, das Nicht-Verdammen all dessen, was bisher im einzelnen Menschen verdrängt und projektiv bekämpft wurde, all dies waren Verwandlungen bisheriger Verhaltensweisen und Ausrichtungen. Es bedeutete eine solch revolutionäre Veränderung, daß Christus damit die Projektionen und den Kampf all derer auf sich zog, die zu diesen Entwicklungsschritten nicht bereit waren. Hanna Wolff spricht in ihrem Buch »Jesus der Mann« davon, daß er der erste Mensch war, der die volle Integration, die Ganzheit des Menschseins verkörperte. »Liebet eure Feinde« meint auch die Annahme der im eigenen Innern gefürchteten und abgewehrten Seiten, bedeutet die Annahme der Nachtseite in uns. Aber gerade dies haben die Kirchenväter nicht mit vollzogen. Sie waren dabei als Menschen überfordert.

Heute wird die Kirche vor allem darum schuldig gesprochen, weil sie die Angst vor dem Vitalen gefördert hat. Dieser Vorwurf ist nicht zu entkräften. Es ist jedoch interessant, den Ausgangspunkt zu diesen Prozessen zu untersuchen. Im Alten Testament sind an manchen Stellen die chaotischen Verhältnisse der damaligen Zeit angedeutet: Da Essen und Trinken nicht für jeden im Übermaß zur Verfügung standen, war die Sexualität der Lustbereich, der allen zugänglich war. Die Gier vieler Menschen, die Unzuverlässigkeit im Menschsein, die Unfähigkeit zur Sublimierung sind ein nicht unwesentlicher Teil der Aussage des Alten Testaments. Bei den Bewußteren dieser Zeit löste dies panische Angst aus davor, das Menschsein nicht erfüllen zu können, strafbar zu werden vor Gott, weil man wieder zurückfiel in die reine Naturhaftigkeit und Unbewußtheit. Dies ist für den Menschen Selbstzerstörung und darum tragisch, weil er nicht in die Ordnung und Instinkthaftigkeit des Tieres eingegliedert wird, wenn er regrediert, sondern als Zerstörer und Gestaltungshemmer wirksam wird. Für den Christen heißt es, den Auftrag Gottes zu verfehlen, wenn man sein Menschsein verfehlt. Die Angst der Erkennenden in Zeiten des Chaos, daß die noch schwachen Ich-Kräfte nicht ausreichen zur Maßfindung und Kulturgestaltung, also zur Wesenserfüllung des Menschen, führte dazu, gewaltsam und übermäßig Über-Ich-Instanzen aufzubauen. Aus diesem Geschehen heraus erklärt sich psychologisch, warum die Entwicklung zu größerem Bewußtsein und größerer Befreiung vom Zwang des reinen Naturgeschehens zunächst in extreme Über-Ich-Bildung und damit in die Verdrängung des Vitalen führte. Auch im individuellen Veränderungsprozeß durch Enthemmung erleben wir zunächst einen Mangel an Maßfindung. Ein Maß zu finden erfordert immer, ob es sich um Hemmungsmechanismen oder um ein Enthemmungsgeschehen handelt, Erfahrungsübung, Entwicklung von regulierenden Kräften, die das seelische Gleichgewicht nicht durch zu große Mißverhältnisse stören lassen.

Während des Aufbaus von Über-Ich-Instanzen mußte unsere Vitalseite, unser Unbewußtes, zunächst auf Distanz gebracht werden. Dadurch nur war die Angst zu verringern, wir könnten von diesen Mächten in uns wieder total in Besitz genommen, überflutet werden. Solche Ängste erleben wir sichtbar in Träumen. Mit der Angst vor den unheimlichen, überschwemmenden Mächten in ihm selbst wird sich der Mensch vielleicht immer befassen müssen, wenn auch auf jeweils neuen Ebenen. Zur Zeit ist die Allgemeinheit bestrebt, übertriebene und darum entfaltungshemmende Über-Ich-Funktionen und Ideal-Ich-Bildungen abzubauen, was sich jedoch nur durch eine entsprechende Stärkung von Ich-Kräften realisieren läßt.

Das Ich mit seinen Funktionen ist hier als Vermittler zwischen den verschiedenen innerseelischen Bereichen und Möglichkeiten zu verstehen. Es ist wirksam und persönlichkeitsgestaltend im Bezug zum intrapsychischen regulierenden Geschehen. Es vermittelt jedoch nicht nur zwischen den inneren seelischen Instanzen und Potenzen, sondern ist auch Vermittler zwischen Innenwelt und Außenwelt. Das Ich ist der Regulator des Kräftespiels und verhindert das blinde Beherrschtsein vom Über-Ich oder vom Unbewußten, von Introjekten und Triebbedürfnissen. Damit bewahrt das Ich die Persönlichkeit auch vor Fremdbestimmung und Hörigkeit gegenüber den Einflüssen durch die Außenwelt. Gesunde Ich-Kräfte verhindern darum, daß Zwänge jeglicher Art uns beherrschen können, seien es solche aus dem eigenen Innern oder aus Umwelteinflüssen. Damit wird blindes Ausgeliefertsein durch falsche Hemmungen ebenso verhütet wie die Gefährdung durch Enthemmung. Der heutige Mensch ist sich darüber nicht immer im klaren, weil viele meinen, daß hemmungslose Befriedigung von Wünschen das Ich stärkt, weshalb sich viele Enthemmte in ihrer rigorosen Lebensführung und sozialen Verkrüppelung als ichstark fühlen. Dies ist der Selbstbetrug des unregulierten und in Dysfunktion lebenden modernen Menschen, der sich seiner Störung im Bereich gesunder Ich-Funktionen nicht bewußt werden will. Ein gesundes Ich ist durch seine regulierende Fähigkeit immer auch auf ein Du und ein Wir ausgerichtet, ohne sich dabei selbst zu verlieren.

Erst so kann die Begegnung mit den vitalen Impulsen und mit unserem Unbewußten sinnvoll und ohne Gefahr stattfinden. Damit wird mehr Integration geleistet, was immer ein Schritt auf dem Weg zur Ganzheit ist. Dadurch wird ein großer Teil unserer Angst reduziert, und wir dürfen dann ohne Schuldgefühle die Lust des leiblichen Daseins wieder erleben im Bewußtsein einer neuen Identität.

Wie tiefreichend die Angst vor der Lust und der damit verbundenen Strafe ist, davon sprechen viele Krankengeschichten. Es sei nur ein Beispiel für viele angeführt. Ein junger Mann, der mit einer besonderen Begabung beschenkt und dadurch auch zu großen Erfolgen befähigt war, hatte in seiner schwierigen Kindheit den Mangel an Entfaltungsmöglichkeiten und sein Lustdefizit mit intensiver Onanie ausgeglichen. Er war auf diese einzige Möglichkeit, Lust zu erleben, ausgewichen. Seine Erziehung im Elternhaus war leibfeindlich und von der Angst um das schwache menschliche Ich geprägt, das allzu leicht von der vitalen Ebene verschlungen werden könnte. Dies mag auch für die Eltern tatsächlich zugetroffen haben. Aus all ihren Zwängen und verkrampften Anstrengungen ist zu schließen, daß sie schwache Persönlichkeiten waren, ohne die lebendigen Kräfte des Unbewußten. Mein Patient wußte wohl um die Sexualangst seiner Eltern, die er auch für sich übernommen hatte, sah er doch, in welcher Abhängigkeit er gegenüber seinen Onanie-Ersatzlust-Erlebnissen war. Er konnte als Junge natürlich nicht übersehen, daß sein Zwang, nach Ersatz für fehlende Lebenslust zu suchen, ein psychischer Versuch war, in Form von Symptombildung Balance zu halten. Seine Onanie war keine gesunde jugendliche Auseinandersetzung mit dem Triebleben, dem eigenen Körper und seinen Reaktionen, vielmehr war es ein Notsignal und eben darum ein Symptom. In dieser Phase sprach sein verinnerlichtes Eltern-Ich ihn schuldig und löste in ihm unheimliche Bestrafungsängste aus, die in Vorstellungen von schrecklichen schädigenden Beeinträchtigungen im Hinblick auf sein erwachsenes Leben gipfelten. In der Bedrängung durch solche Androhungen im eigenen Innern schloß er als Junge mit Gott einen Pakt, der ungefähr so formuliert werden könnte: Ich kann ohne meine Onanie und diese Lust und Entspannung nicht leben. Ich brauche diesen Rest an Lusterleben. Dafür nehme ich in Kauf und als Strafe auf mich, später weniger zu erreichen, weniger Erfolg zu haben. Das Ergebnis dieses Handelns war verheerend. Dieser junge Mann hat in einer für den Außenstehenden unerklärlichen Weise immer wieder versagt, obwohl hierzu überhaupt keine realen Gründe vorhanden waren. Er konnte darum nie die ihm an sich möglichen Erfolge und Ergebnisse erreichen. Einmal hinderte ihn eine Arbeitsstörung, die im entscheidenden Stadium immer wieder auftrat. Dann konnte er nicht zum rechtzeitigen Termin oder eben nicht richtig durchgearbeitet seine Leistung abliefern. Ein andermal hatte er etwas vergessen, was er als

Fachmann normalerweise nicht vergessen konnte, usw. Sein Inneres sorgte redlich dafür, daß der Vertrag mit den Schicksalsmächten eingehalten wurde. Der junge Mann selbst war sich dieses inneren Zwangs, seinen Erfolg in Grenzen zu halten, nicht bewußt. Erst im Verlauf der Analyse kamen die Hintergründe seiner Erfolgsbehinderung zum Vorschein und die damit verbundene Selbstbestrafung, die sein Eltern-Ich in ihm ausgelöst hatte.

Aus der Kindheit stammende Bestrafungserwartungen und damit verbundene Angst vor dem Lustvollen und vor dem, was uns glückbringend zufällt, ist in vielen Erwachsenen wirksam. Darum sind manche nur dann abends zufrieden, wenn sie sich redlich und mühsam abgerackert haben. Wer als Kind allzu oft gehört hat: »Sei nicht ausgelassen, das dicke Ende kommt schon ...« und wer Beziehungspersonen von dieser Prägung hatte, wird erst lernen müssen, daß nicht jeder Ausgelassenheit gesetzmäßig etwas Unheilvolles folgen muß. Er muß erst erfahren, daß das Leichte, Heitere und Fröhliche nicht bestraft wird, das heißt, daß irgendein Mißgeschick, etwas Unerfreuliches nicht darum kommt, weil wir unbekümmert und beschwingt waren. Dies ist nicht gleichzusetzen mit leichtsinnig und unbedacht, mit kindisch, unreflektiert und ohne Realitätssinn. »Wenn ich mir um ein Geschehen nicht ernsthaft Sorgen mache und mich innerlich sehr damit beschäftige und darum mühe, geht es meinem Gefühl nach schief.« Diesem ängstlichen Menschen geht sicher auch manches schief, sofern er nicht mit Sorgfalt und Überdenken vieles auffängt und ausgleicht.

Warum Herr X. gerade dann seinen Krebs bekommt, wenn er auf dem Höhepunkt seines Lebens ist und das erreicht hat, was es sich immer gewünscht hat? Wieviel an Lustverbot und unformulierbarer Abwehr hat sich hier verborgen?

Fehlendes Vertrauen ins Leben muß mühselig ausgeglichen werden. »Warum soll die Firma mich nicht nehmen? Warum soll ich längere Zeit arbeitslos sein? Ich finde bestimmt bald einen guten Platz.« Dies klingt ganz anders. Dahinter steht ein Vertrauen, das Sicherheit gewährt, steht die Erfahrung von Lebenslust. Es ist eine Tatsache, daß solche Menschen auch immer Glück haben. Sie ziehen den glücklichen Umstand geradezu magnetisch herbei, ebenso wie die gegensätzlichen Verhaltensweisen die negativen Erfahrungen herbeiführen. Glück ist darum eine Eigenschaft, die mit unseren Einstellungen, mit unserem Lebensgefühl aufs engste verbunden ist. Es ist die Erfahrung, daß man im Leben beschenkt wird, daß einem manches zufällt und es unberechenbare Glücksumstände gibt, aber auch, daß wir selbst mit großer Bemühung nicht alles erreichen und vom bewußten Wollen her erzwingen können.

Die heutige Form des Befreiungsversuchs von der Verdrängung unserer vitalen Basis, die sogenannte Sexwelle, bringt uns wieder neue Extreme, neue Arten von Schädigung und Entwicklungsbehinderungen. Mit dem Einreißen von Tabus ist es nicht getan. Um die Macht und Tiefgründigkeit der Sexualität zu bestehen, um zu tiefer und den totalen Menschen in all seinen Ebenen erreichender Lust zu gelangen, muß mehr geschehen als nur einzureißen und zu befreien. Der kreative Prozeß, in dem die Sexualität den Ich-Kräften zugeführt wird, ist damit noch nicht geleistet. So kommt es, daß der Mensch sich im Sexualbereich heute wieder ohne Hilfe vorfindet, nur in anderer Weise.

Es ist physiologisch wie auch psychologisch erwiesen, daß der heutige Mensch in hohem Maße sexualisiert ist. Das Maß an Sexualität, das zur gesunden Triebbefriedigung notwendig ist, wird von vielen weit überschritten. Dies hängt damit zusammen, daß die sexuelle Entspannung kompensatorisch mißbraucht wird. Jede psychisch nicht verarbeitete und emotional nicht bewältigte Regung wird damit physiologisch abreagiert, in Leiblichkeit umgesetzt, sexualisiert. Ärger, Frustration, Enttäuschung, Langeweile, alles, was einer Stellungnahme als Mensch und einer seelischen Aufarbeitung oder Bewußtwerdung mancher Zusammenhänge bedarf, wird nicht ins Bewußtsein zugelassen, sondern verleiblicht und in Ersatzlust ertränkt. Dies geht bei manchen so weit, daß sie auch die Spannung und das Erlebnis der Freude nicht mehr rein psychisch vertiefen und bestehen können. Ein Patient erzählte mir, daß er manchmal beim Aufsteigen irgendeiner Freude gedrängt ist zu onanieren. Jegliche Art von Lusterlebnis ist dann nur noch über den Penis möglich.

Gier und Sex-Sucht, also symptomatisches Sexualverhalten, treten dann auf, wenn ein Defizit in der persönlichen Entwicklung eingetreten ist. Dann erlebt der Mensch die organisch verankerten Triebe losgelöst von seinen existentiellen Bedürfnissen, die etwas qualitativ anderes sind als die vitalen. Damit ist dem *Lustprinzip* der Weg bereitet.

Lustmangel und Lustersatz

Wo wir voll und mit einem guten Teil unserer Fähigkeiten und Möglichkeiten im Leben stehen, wenn wir Leben erleben und zugleich auch uns selbst, da ist Lebenslust, Lebensfreude und Lebensglück. Ob wir uns dessen bewußt sind oder nicht, spielt dabei keine Rolle. Die ganz persönliche Prägung, die uns eigenen und unseren individuellen Gegebenheiten entsprechenden Nuancen sind dabei immer berücksichtigt und mit enthalten. Es kommt dabei nicht auf das von außen Gebotene an, vielmehr ist von ganz entscheidender Wirkung, was in uns selbst ist an Glücksfähigkeit, an Begabung zum Glück und zur Lebenslust. Das Entscheidende ist, was wir aus dem Gebotenen, aus den Angeboten und Chancen unseres Lebens gestalten. Dies beginnt zunächst schon damit, ob wir sie überhaupt wahrnehmen können, dann wie weit wir sie zu ergreifen wagen, und schließlich, wie weit wir sie zu realisieren und in Gestaltung umzusetzen vermögen. Aber auch danach ist noch wichtig, die Fähigkeit zu haben, dies alles zu erkennen in bezug auf mich selbst und auf mein Leben, um die gesteigerte, bewußte Freude und die tiefreichende Befriedigung zu erleben. Dies ist keineswegs als Sättigung und träg machende Beruhigung zu verstehen, vielmehr sind Lust und Freude jenes Lebenselement, das uns zu neuen Taten, neuen Vollzügen ermutigt und beflügelt. Aufs neue werden wir dann bei entsprechendem Einsatz und Vollzug Befriedigung, Selbstbestärkung, Lebensmut und jene Lebenslust erfahren, die immer wieder anregt. Es ist ein Impuls des Lebens schlechthin. Dies darf nicht verwechselt werden mit dem Jagen nach Erfolg, dem Zwang des Ehrgeizlings, Bestätigung zu sammeln, und ähnlichem. Das sind aus der Ich-Schwäche und der Angst heraus geborene Kompensationen. Eines unterscheidet sich vom anderen dadurch, daß tiefgreifende Befriedigungen die Persönlichkeit dahingehend prägen, keine Ersatzlüste suchen zu müssen. Der gesamte Einsatz solcher Menschen dient nicht nur rein ichhaften Zwekken. Daß solche Taten auch Ich-Bezug haben dürfen und sollen, also verbunden sind mit der Befriedigung des Erfolgs- und Leistungsstrebens, und damit dem persönlichen Lust-Soll dienen, müssen wir ausdrücklich betonen, damit es keine Mißverständnisse gibt. Allzu Über-Ich-betonte Menschen und Zeiten, die ein Ideal-Ich anstreben und dabei die Realität im Sinne menschlicher Wirklichkeit negieren, lassen allzu leicht Verdrängungen anwachsen. Sie sind immer gespeist aus dem Nicht-wahr-haben-Wollen jener Anteile in uns, die unser Über-Ich nicht zulassen kann. Es ist darum für uns wichtig, uns den ichhaften Eigenanteil zu gestatten, uns zu erlauben, von solch menschlichen Bedürfnissen geprägt zu sein. Problematisch wird dies erst dann, wenn unsere Ichhaftigkeit uns so weit beherrscht, daß wir alles unter dem Aspekt der Nützlichkeit, nämlich der Frage »Was nützt es mir?« betrachten. Teilhabe am Lebensprozeß ist immer gekoppelt mit dem Sich-selbst-Erleben, Sich-selbst-Fühlen. Wer sein Leben verfehlt, versäumt immer auch sich selbst.

Der verwaltete, lustlose Mensch

Es ist eine Paradoxie, wenn wir heute nach Bewußtseinserweiterung verlangen, die Befreiung des einzelnen von autoritärer Bevormundung und kollektiver Führung fordern und dabei nicht erkennen, daß die Überorganisation, das Übermäßige Verwaltetsein, geradezu dazu erzieht und zur einlullenden Gewöhnung macht, daß sich der einzelne nicht mehr gefordert und angesprochen fühlt: Er muß über nichts mehr nachdenken, seine persönliche Initiative ist nicht mehr notwendig, vielmehr stört sie eher. Die Verantwortung für sich selbst wird abgenommen, weil alles bestens organisiert und vorgegeben ist von der Wiege bis zur Bahre. Auch die Freizeit wird organisiert. Der Freizeitverbraucher wird berieselt mit Vorgekautem und Vorgegebenem. Wo soll er noch für sich selbst aktiviert werden? Seine Beschäftigung ist, eben zu verbrauchen: suggerierte Bedürfnisse nach Waren, Vergnügungen, nach Bildung, Meinungen, Ansichten und Ideen zu befriedigen. Die totale Organisation des zum Objekt erniedrigten Menschen verbreitet sich um uns auf allen Ebenen. Dies führt zwangsweise trotz vordergründigen Genusses zur Lustlosigkeit am Dasein und zeitigt Erscheinungen wie große Anspruchshaltung ohne Bereitschaft zur Gegenleistung sowie das Zunehmen von Gier und Sucht. Die Problematik des modernen Menschen im Zeitalter einer extremen Technisierung wird nicht dadurch gelöst, daß unser Lebensablauf organisiert und verwaltet wird bis hin zur Freizeit. Dies ist eine neue Form der Entmündigung und Selbstentfremdung, gegen die wir uns mit allen Mitteln zur Wehr setzen müssen, weil dieses Verwaltetwerden die eigene Lebensgestaltung nicht nur nicht herausfordert, sondern sie uns verweigert.

Wir sehen heute schon, daß die damit zusammenhängende Verringerung der Lebenslust sich bei vielen niederschlägt in einem Mangel an innerer Produktivität. Sie können mit sich und der Welt, mit all ihren materiellen Möglichkeiten wie auch mit den vielfältigen Angeboten unseres heutigen Lebens nichts anfangen. Die Welt ist leer, wenn ich leer bin, wenn ich Leben in mir und durch mich nicht verwirklichen kann. Wer Mühe scheut, erlebt auch wenig Lust oder gar keine. Dies gilt bis in sexuelle Praktiken hinein. Keine Freude ohne Mühe. Lust ist nicht etwas, was einem geschenkt wird wie den Kindern die Bonbons, wenn sie brav waren. Lust erfordert den Einsatz, erst recht wenn es eine tiefreichende und nachhaltige Lust sein soll, die unser Leben mitbestimmt und in uns fortwirkt.

Anders ist es mit der Ersatzlust, dem Lüstchen. Sie ist ohne Einsatz oder mit ganz geringem Aufwand zu erhalten. Auch sie kann unser Leben bestimmen, nämlich dann, wenn wir ihr nachjagen müssen, ihr ausgeliefert sind. Sie ist in tiefreichender Weise verhängnisvoll: Ersatzlust wird zur Barriere für eine Weiterentwicklung, für weitere Emanzipation. Der Prozeß des notwendigen Leidens wird durch Ersatzbefriedigung verhindert. Der allzu leicht geebnete Weg in den Genuß hindert uns, das Fehlen von Lebenslust zu erkennen, unser Unbehagen wirksam werden zu lassen. Damit werden wir auch nicht gedrängt, die gestörte Balance in unserem Dasein zu erkennen, in uns selbst Fehlentscheidungen und Fehlreaktionen wahrzunehmen, unsere Flucht vor der Mühe und dem in Krisen notwendigen Leiden zu sehen. Wir wollen dann den antagonistischen Gegenspieler der Lust verleugnen.

Verdrängung des Unbehagens

Der hektische moderne Mensch erkennt nicht sein übersteigertes Agierverhalten, das im allgemeinen eine Flucht ist vor dem, was wir nicht sehen und zur Konfrontation nicht annehmen wollen. Es ist nicht nur die Flucht vor dem Inhalt unseres persönlichen Unbewußten, der aus unserer Lebensgeschichte resultiert und aufgearbeitet sein will. Darüber hinaus melden sich im Menschen allgemeingültige Anliegen und Bedürfnisse, die zum erfüllten Menschsein gehören, von vielen aber abgewehrt werden. Die ruhelos Agierenden wirken auf den Laien oft vital. Im Grunde wehren sie aber mit ihrer ruhelosen Geschäftigkeit ihre tieferen Lebensbedürfnisse ab. Die damit unbewußt entstehenden Unsicherheiten, Beunruhigungen und Depressionen sind häufig der Ausdruck latenter Schuldgefühle gegenüber dem eigenen verleugneten Leben, der seelischen aktiven Lebensauseinandersetzung. Den Versäumnissen gegenüber dem eigenen Innern entsprechend blüht die Anpassung an die Außenwelt. Wer nicht im nötigen Maße in sich selbst verankert ist, wer zuviel Fremdsteuerung von der Außenwelt übernimmt, darf auch nichts fühlen, denn durch Fühlen wird man dem Leben näher gebracht, steigert sich die Erlebensintensität. Damit verbunden ist oft auch die Angst vor der Lust, weil auch sie gesteigertes Erleben ist. Dafür kommen die Lüste und Lüstchen mit ihren Zwängen und Ansprüchen auf. Je nachhaltiger dies einen Menschen bestimmt, um so mehr muß er danach trachten, eine entsprechende Umweltsituation, einen ebenso gearteten Partner zu haben, damit er in solchen Haltungen der Lebensabwehr und in Ersatzlust verweilen kann. Solche Art von Verweigerung an Lebensteilhabe und damit verbunden an Entwicklungsprozessen bleibt nicht ohne entsprechende Symptome. Häufig verbergen sich dahinter eine depressive Grundeinstellung und Lebensangst. Der Depressive hat absolutes Lustverbot. Bei sehr tief gestörten Kranken ist dann nur die pervertierte Lust in Form von Masochismus, Selbstquälerei, Selbstmitleid und Selbstentwertung zugelassen. Die Lust ist ein solch elementares Lebensgeschehen, daß sie selbst in pervertierter Abwandlung noch lebenserhaltend wirkt. Der schwer Gestörte müßte sich umbringen, wenn er nicht gelegentlich durch Krankheitsgewinn und krankhafte Lust ein Minimum an Lust-Ersatz einheimsen könnte.

Wie wenig sich elementare Lustbedürfnisse verdrängen lassen, soll an ganz einfachen, alltäglichen Beispielen aufgezeigt werden. Herr X. stellte an sich allzu hohe Forderungen. Er hatte in der Schule schon das von seinen Eltern erwartete Soll nicht erfüllt. In der Pubertät war er durch Labilität und Leistungsverweigerung aus einer Oppositionshaltung gegenüber den Elternforderungen aufgefallen. Er hatte zwar viel opponiert und agiert, jedoch war es ihm nicht gelungen, sich von der Bindung an die Eltern-Imagines intrapsychisch zu lösen. Im Älterwerden und beim Abklingen der Oppositionsphase wurden die introjizierten Elternforderungen als Über-Ich-Normen und als Ideal-Ich-Forderungen wirksam. Er war Betriebsleiter geworden und fühlte sich trotz fleißigem Einsatz immer unzulänglich, immer im Bereich der »Zu wenig–nicht bestanden«-Formel, die seine Psyche beherrschte. Weil er dadurch starke Schuldgefühle hatte, forderte er von sich immer mehr Arbeitsleistung, mehr Fleiß, mehr Zeitaufwand für seine Arbeit und verweigerte sich immer mehr Freizeit und Entspannungserlebnisse, die er in der Pubertät sich in reichem Maße erlaubt hatte. Sein Erwachsenen-Leben kam nun einem Lustverbot gleich. Damit wurde er nicht etwa zunehmend besser und tüchtiger in seiner Leistung, vielmehr benötigte er immer mehr Energieaufwand zur Bewältigung des Gegebenen. Er wurde lahmer, initiativeloser und schließlich latent depressiv. Die Mühe allein bringt noch kein Ergebnis und auch keine Freude. Seine Arbeitsstörung plagte ihn sehr. Er stellte klar fest, daß er in einem bestimmten Zeitmaß einfach zu wenig erreichen konnte, weniger als die andern, weshalb er immer mehr Zeit aufwenden mußte. Diese Zusammenhänge entwickelten sich zu einem verhängnisvollen Kreislauf. Eines war dabei eindeutig festzustellen: Je mehr er sich plagte und abverlangen wollte, je größer sein Lustverbot, um so mehr schlich sich ganz unbewußt und unbemerkt das Lustbedürfnis ein und holte sich wenigstens jenes Minimum, das notwendig war, um vor einer größeren seelischen Erkrankung bewahrt zu werden. Er konnte am Schreibtisch sitzen und sich dabei ertappen, daß er, ohne dies zu registrieren, weggetreten war aus seinem bewußten Denken und etwa einem Vogel nachschaute, in die Wolken starrte oder in sich selbst versank, wobei er nie sagen konnte, was er dabei dachte oder fühlte. In der analytischen Behandlung konnte er erst lernen, sich an seinem kleinen Sohn zu freuen, mit ihm zu spielen. Dazu mußte er früher nach Hause kommen. Seine Arbeitsstörung ging proportional zu seinem Lust-erleben-Dürfen und zum Abbau seiner Überforderungsvorstellungen zurück.

Menschen, die sich selbst überfordern durch überhöhte Vorstellungen von dem, was nach ihrer Ansicht zu leisten wäre, können oft nicht mit Kindern spielen im Sinne echten Spiels. Harmlos entspanntes Zusammensein kennen sie kaum, weil sie immer glauben, daß etwas von ihnen erwartet wird, sei es Gescheitschwätzerei oder Freundlichkeit und

Entgegenkommen, Aufrechterhaltung eines bestimmten Image oder sonst irgend etwas. Hinter der Steigerung ihrer Maßstäbe stehen tiefe Zweifel an ihrem Selbstwert. Solche Menschen können sich nicht vorstellen, anerkannt oder gar geliebt zu werden ohne besondere Leistungen. Die meist aus der Kindheit stammende Selbstverneinung führt häufig auch zu Lustverbot. Lebensverneinung führt logischerweise zu Lustmangel, weil durch die Bremsung lebensgestaltender Kräfte das Lusterleben stark reduziert wird und entweder sich ein Leiden oder aber kompensierende Lustsuche einstellt. Wenn man die übermäßige Forderung nicht erfüllt hat, setzt die Selbstbestrafung ein, und man darf sich dann nicht an den kleinen Schritten freuen, die gelungen sind. Nur die überzogenen großen Würfe, die nicht erreicht werden können, zählen. Auf solche Weise kommt es zu masochistischer Selbstquälerei. »Du willst wohl Christus sein oder zumindest ein Genie?« fragte in einer Gruppensitzung ein »Fortgeschrittener« einen andern, der sich immer wieder weigerte, seinen kleinen Schritten die ihnen zukommende Beachtung und Anerkennung zu schenken. In welches Maß an Eitelkeit und Ehrgeiz bis hin zur Arroganz wir uns versteigen, wenn Überkompensation uns beherrscht, müssen wir noch zu sehen lernen.

Lustverbot

Es darf nicht übersehen werden, in welchem Ausmaß Lustverbot und Verbot von Lebensfreude auch von der Allgemeinheit ausgehen. Ein Patient von mir sollte nach harter und verantwortungsbeladener Tagesarbeit abends noch ein wenig an die frische Luft gehen. Er lebte auf dem Land. Um abends noch im Garten zu arbeiten, dazu war er von der Tagesarbeit zu erschöpft. Da er seine Nachbarn in ihrer Mentalität gut kannte, wagte er nicht, vor ihnen als abendlicher Spaziergänger aufzutreten. Er wollte sein Ansehen bei ihnen nicht einbüßen, zumal er in dem Betrieb des kleinen Orts eine leitende Stellung und wichtige Funktion hatte. Er fand eine Lösung auf seine Weise. Er ging abends mit einer leichten Hacke auf der Schulter den Weg hinaus zu einem kleinen Grundstück, das seiner Familie gehörte. Mit der Hacke auf der Schulter war der abendliche Spaziergang möglich in einer Umgebung, die ihre eigene merkwürdige Feierabendmoral hat.

Wer keine Lösungen für sich und seine persönliche Situation sucht, wird dann meist von blinden Agitationen getrieben. Ein sehr erfolgreicher Mann leitete einen Betrieb, den er aus den ersten Anfängen einer größeren handwerklichen Werkstatt heraus entwickelt hatte. Dies zuwegezubringen war eine beachtliche Leistung, die nur durch enorme Anstrengungen und persönlichen Einsatz gelungen war. Die totale Hingabe an diese Aufgabe wurde von diesem Mann jedoch übertrieben und nicht richtig verkraftet, denn er lebte bei seiner Aufbauarbeit fanatisch und verkrampft, nicht in dem Schwung des lustvollen Einsatzes, der zwar auch erschöpfen kann, jedoch dann bis in den Schlaf hinein wirkt, so daß man am Morgen wieder erfrischt aufsteht. Herr N. lebte ohne Vertrauen in seine Kraft, ins Leben, und war darum ein stets bis zum äußersten angespannter Mensch, der schmalspurig lebte ohne ein gutes Wort für seine Mitarbeiter, für seine Frau, und ohne sich am Lachen seiner Kinder freuen zu können. Ihn interessierte außer seinem Vorankommen und seinem Erfolg überhaupt nichts. Sein fanatischer Arbeitseifer war zwanghaft, war Kompensation, weshalb er darin auch keine Glückserlebnisse finden konnte. Er war von einem Kindheitsmilieu geprägt, das die Grundregel praktizierte: Feierabend gibt es nicht. Obwohl die Zeiten sich auch im bäuerlichen Raum längst geändert haben und die Lebensbedingungen leichter geworden sind, gab es für Herrn N. immer etwas zu tun: Er mußte seinem älteren Bruder den Rang des Tüchtigen abnehmen, der seiner Meinung nach immer und überall besser weggekommen war: vom Schicksal, weil er begabter war, was sich schon in der Schule und später in seinem Berufserfolg gezeigt hatte; bei den Eltern, weil er der Erstgeborene und längst erwartete Sohn war, der dann auch entsprechend hofiert wurde. Herr N. lebte in seinem Schaffen und Arbeiten die Bruder-Rivalität bis ins Detail. Er konnte auch bei dem schnell größer werdenden Betrieb nichts an geeignete Mitarbeiter delegieren. Alles mußte er selbst in der Hand behalten, was zunehmend unsinniger Energieverschleiß wurde. Sein Aufbauwerk war neurotisch geprägt und brachte darum wenig von dem Glück des erfolgreich Schaffenden, aber viel von der Hybris des Erfolgsfanatikers. Als Herr N. starb, fand man in seinem Schreibtisch verschlossen lauter kleine Leckereien. Da waren Pralinen, Nougat, Nüsse, ein Stück Bündner Fleisch, eine Dose Krabben. Seine Frau war über diesen Fund äußerst erstaunt, denn sie wußte gar nicht, daß ihr Mann sich an solchen Dingen verlustieren konnte. Im Familienleben war dies nicht üblich und wurde von ihm abgelehnt. Pralinen waren für Frauen, Nougat für Kinder und andere Leckereien für die Genüßlinge. Diese Abwehr, die Intoleranz gegenüber kleinen Freuden, gehörte für ihn zum Bild des männlichen Mannes. Wie sehr er sich dabei selbst belogen und frustriert hatte, zeigte der verschlossene Schreibtischinhalt. Dieser Mann hatte keinen Weg gefunden, sich Lusterlebnisse zu verschaffen, kleine Freuden in sein Leben einzubauen. Sein Schreibtisch-Schubladen-Glück und sein Zwang, sich im Verborgenen doch etwas Gutes zu tun, drücken nicht allein seine Unfähigkeit, sich Lust zu gestalten, aus, sondern sind auch als symbolischer Ausdruck zu verstehen. Unbewußt ahnte er sehr wohl, daß er an der Lust des Lebens vorbeiging, daß ihm vieles fehlte, was andere Menschen haben. Sein Inneres ließ sich durch die inzwischen große Betriebshalle nicht täuschen. Herr N. starb als Inhaber eines Betriebes, der an die hundert Arbeiter beschäftigte. Er hatte aber so gelebt, daß es niemanden auf der Welt gab, der ihn mochte, weil er selbst als Mensch gar nicht vorhanden war. Er war nur seine eigene verkörperte Kompensation, die von Lustlosigkeit und Mangelleiden geprägt war.

Wer wenig Lust und Freude erlebt, hat nicht nur wenig vom Leben, er steht auch nicht im Leben. Damit erklärt sich auch, daß Lustlosigkeit immer Mangel an Lebendigsein und damit Lebensverarmung ist. Ein Mangel an Lust ist immer auch ein Mangel an richtigem Leben. Leben schenkt sich einem nicht immer. Es muß vollzogen werden. Zweifellos gelingt es nur wenigen Menschen, in allen Lust- und Glücksbereichen immer ganz wach zu leben. Unsere Entwicklung und die einzelnen Lebensphasen lassen ganz von selbst diese oder jene Ebene, diese oder jene Lustbetonung in den Vordergrund treten. Zu den sogenannten höheren Lustgefühlen, die auch nicht mehr mit Genuß verwechselt werden können, gehört eine gewisse Reife, um sie erleben zu können. Diese ist jedoch nicht altersgebunden.

Urvertrauen und Krisenfähigkeit

Wir haben bei der Lust-Angst gesehen, daß sie anerzogen werden kann, jedoch kann sie auch von einem schwachen, allzu leicht seine Funktionsfähigkeit verlierenden Ich ausgehen. Die mangelnde Fähigkeit zur Lust finden wir vor allem bei solchen Menschen, die von klein auf Leben als Beängstigung und nicht als Befriedigung erfahren haben. Wer seine ersten Bedürfnisse zum Menschwerden, die elementaren Erlebnisse des Kindsein nicht erfahren durfte, kann dadurch in eine grundsätzliche, sein Leben durchziehende Lebensangst oder gar Lebensverneinung geraten. Heute ist bekannt, welch große Rolle das Urvertrauen spielt, das sich in unseren ersten Beziehungs- und Welterfahrungen entwickelt. Die ersten Geborgenheits- und Befriedigungserlebnisse entscheiden darüber, ob wir unser Leben, unser Dasein annehmen, es bejahen können, ob wir uns von den Mächten des Lebens tragen lassen können oder uns vor ihnen fürchten müssen. Das bedeutet zugleich, ihnen gegenüber in Abwehr zu stehen. Zu leben ohne Vertrauen ins Leben ist mühsam und aufreibend, weil viel von unserer psychischen Energie dazu verwendet werden muß, Abwehr- und Schutzmechanismen zu entwickeln. Es muß dann immer Distanz gehalten werden zwischen mir und der unmittelbaren Teilhabe am Dasein. Nichts darf mir darum zu nahe kommen und mich ergreifen. Dann kann unter Umständen jeder Tag ein Kampf werden, ein Ringen ums Bestehen und Aushalten. Oft sind Bett und Schlaf die einzige Zuflucht, weil man hier den Anforderungen des Daseins eine Weile enthoben ist. Die Last des Lebens wird von solchen Menschen schon empfunden, wenn sie morgens die Augen aufschlagen, wenn der Tag beginnt und sie fordert, sei es auch nur im ganz kleinen. Lebenslust ist immer nur dort, wo wir nicht gegen das Leben, sondern in seiner Richtung uns bewegen, ähnlich wie beim Schwimmen im Strom, der uns trägt, wenn wir nicht gegen seine Bewegung angehen. Die im Lusterlebnis vollzogene Hingabe ist immer auch mit geprägt von dem Grad unseres Urvertrauens. Es entscheidet mit über unsere Weltschau, über Pessimismus und Optimismus, über Depression und alle Formen unserer Lebensbetrachtung und -gestaltung. Das Urvertrauen setzt sich fort in unserem Selbstvertrauen. Dieses läßt sich durch eine Grundformel charakterisieren: »Ich versuche es« oder: »Ich versiche es nicht, es geht doch schief.«

Um Irrtümern vorzubeugen, muß hinzugefügt werden, daß Vertrauen nicht als naive Weltsicht zu verstehen ist, die blind ist gegenüber der Not und dem Leiden wie auch gegenüber den Gefahren in der Welt. Auch bei dem bewußt Lebenden, der sich hart mit der Realität auseinandersetzt, auch bei dem an der Fragwürdigkeit und Rätselhaftigkeit unseres Daseins Leidenden ist das Urvertrauen etwas ganz Entscheidendes. Während viele, die das Leid in der Welt zu fühlen vermögen, sich in Ideale und Ideologien bis hin zu

Utopien flüchten, sich damit aus der Gegenwart in einen Zukunftstraum stehlen und sich in solcher Weise Ersatzlust suchen müssen, um besser weiterleben zu können, findet der Mensch mit dem Urvertrauen eine andere Lösung. Es gibt in diesem Bereich eine Form von Heroismus, eine Art Tapferkeit, nicht vor dem Feind, sondern dem Leben gegenüber. Dies drückt sich aus, indem das Unverstandene, Unerklärbare, Leidvolle des Menschseins angenommen wird, einfach als eine Entscheidung *für* das Leben. Ein Analysand formulierte es schlicht: »Ich will nicht mehr damit spielen, mich umzubringen. Ich will nicht mehr im Widerstand gegen die Welt leben. Ich will richtig zu leben lernen.« Der nächste Schritt führt dahin, sich diesem unverstandenen, unheimlichen Leben hinzugeben, in unserem Hier und Jetzt jeweils dazusein, um das zu tun, was notwendig ist. Dies kann jedoch nur der, der zu sehen vermag und mit dem Herzen erkennt. Dann gelingt es zuweilen auch, dazu beizutragen, Leid zu verhindern. Dabei erleben wir so etwas wie ein bescheidenes Glück, ein Zufriedenwerden im Vertrauen auf Sinn. Es ist nicht die Zufriedenheit des Satten. Wer in solcher Weise Leben erleidet und darauf antwortet, fällt nicht in den Rausch von Glückseligkeit. Die Entscheidung, die Tragik menschlichen Daseins auf sich zu nehmen, ist eine stillschweigende Bejahung des Leidens, die nur auf Grund eines Urvertrauens vollzogen werden kann. Wer Leid anzunehmen vermag, wächst und wird größer. »Wer auf sein Leid tritt, tritt höher«, sagte ein Dichter.

Selbst in der extremen Situation des Leidens vollzieht sich etwas, dessen wir uns im allgemeinen nicht bewußt werden. Ich kann die Entscheidung treffen, dagegen zu sein, Leben in seinem Dualismus von Lust und Leid abzulehnen, es zu verweigern, was in konsequenter Weise Selbstmord bedeutet, der nicht immer leiblich vollzogen werden muß. Oder ich entschließe mich zur Annahme. Sobald ich mich Lebensprozessen nicht mehr entgegenstelle, muß dies in einem blinden Vertrauen vollzogen werden. Es ist uns nicht gegeben, den Sinn des Lebens zu erkennen. Nur in kleinen Teilbereichen und im persönlichen Bezug kann Sinn gefunden und erahnt werden. Sich dem Dasein nicht entgegenzustellen ist immer vom Vertrauen auf Sinn getragen, ist immer Glaube, der in uns allen wirksam ist, ohne uns bewußt zu sein. Diese Form von meist unbewußtem Glauben ist auch in denen wirksam, die über den religiösen Menschen lächeln. Das Urvertrauen ist im Grunde ein Urglaube, der uns am Leben erhält. Er entscheidet über die Annahme des Tragischen, Leidvollen, Paradoxen und führt uns in die seltsame Möglichkeit, im Leiden zu reifen und dabei etwas zu erleben, was später eine innere Bejahung ermöglicht. Sie befreit von der Qual, sich fern vom Glück zu wähnen.

Leiden zu verkraften und zu bestehen ist darum nicht passives Über-sich-ergehen-Lassen, vielmehr ein Vollzug, der uns Entscheidungen abverlangt, uns aktiviert und fordert, der uns ebenso an tiefe Lebensnähe heranführt wie die Lust. Darum ist Leid und Leiden etwas Bedeutsames. Wir heutigen Menschen wehren solche Gedanken ab. Wir fühlen uns zu schwach, uns diesem Erlebnisbereich zu nähern, und entwickeln darum immer mehr Rationalisierungen und Techniken, um davor zu fliehen. Wenn wir von der Lust reden, kann man das Leid aber nicht einfach übergehen. Lust und Unlust ist nicht eigentlich das Gegensatzpaar. Unlust ist nur ein Unbehagen, nur ein Fehlen von Lust und damit viel zuwenig, um der Lust die Waage zu halten. Wir müssen von Lust und Leid sprechen. Beides sind Urerlebnisse unmittelbarer Lebensteilhabe, beides trifft uns in der Tiefe unserer Existenz. Beides steigert uns und die Möglichkeit unserer Selbsterfahrung.

Weil Leiden zu Entscheidungen und Erfahrungen drängt, ist es ein Weg, Lösungen suchen zu müssen. Krisen sind darum fast immer neue positive Entwicklungsschritte vorausgegangen. Dies trifft nicht nur für das Einzelwesen zu, sondern auch im Verlauf der Evolution. Entwicklung vollzieht sich in Rhythmen und Phasen, wobei konsolidierende, das heißt solide machende, verfestigende Strecken des Aufbaus und der Ausreifung des Erreichten und Bestehenden abgelöst werden von Beunruhigungen und Krisen, die an den Stellen einsetzen, die zum Ansatzpunkt werden für das kommende. Dies vollzieht sich nicht ohne Erschütterungen und meist auch nicht ohne Verluste. Dabei werden in einem Kollektiv Gruppen betroffen, die mehr zu den Verlierern zählen und darum am Evolutionsgeschehen zu leiden haben, die also den schmerzlichen Teil tragen müssen, die Opfer sind. Auf der andern Seite stehen die Gewinner, denen Zuwachs in Aussicht steht und die vermutlich bisher weniger zu den Begünstigten gehörten. Sie erleben im neuen Vollzug zunächst Befreiungslust. Diese muß nicht grundsätzlich in Zerstörungslust übergehen und Maßlosigkeiten zeitigen. Gerade darin besteht einer der Unterschiede zwischen Evolution und Revolution und radikalen Umbrüchen.

Da der Mensch durch Krisen verändern und neugestalten lernt, ist seine Krisenfähigkeit ebenso wichtig wie seine Fähigkeit zum Bewahren und Schützen. Krisenfähigkeit bedeutet, sich des vorhandenen Unbehagens und der damit verbundenen Leiden zunehmend bewußt zu werden entgegen der Neigung, Unangenehmes zu verdrängen. Erst dann können Ursache und Wirkung erkannt und entsprechende Lösungen gesucht und versucht werden. Wer Leiden nicht wahrhaben, vermeiden und verdrängen will, weicht Krisen aus. Zur Krisenerfahrung und Bewältigung ist die Beteiligung der Gefühlsfunktion notwendig. Dabei ist die Einfühlung besonders dann notwendig, wenn es nicht nur um eine persönliche Angelegenheit, um ganz persönliches Betroffensein geht, sondern auch die andern betrifft. Ohne Einfühlung und Mitfühlen gibt es keine soziale Erneuerung. Wer Unlust, Unbehagen, Schmerz und Leiden flieht, schließt immer jene Teile der Wirklichkeit aus, die zu solchem Gefühlserlebnis führen könnten. Lust und Unlust sind ein Gefühl. Weniger fühlen heißt immer zugleich weniger teilhaben an der Welt. Viele können nur jene Aspekte der Welt sehen, aufnehmen, erkennen, die ihren Vorstellungen entsprechen und nichts in ihnen erschüttern oder gar eine Veränderung fordern. Es handelt sich dabei um selektives Welterleben, das immer dann praktiziert und festgehalten wird, wenn ein geringer Spannungsbogen vorhanden ist, das heißt, wenn nur soviel Libido zur Verfügung steht, um lustbetonte und das Lebensgefühl steigernde Erlebnisse zu verkraften. Wir ordnen darum solche Menschen nicht den Genüßlingen oder Lüstlingen zu, wohl ahnend, wie es im Hintergrund um ihre Existenz steht. Manche brauchen eine heile Welt, und man darf sie ihnen nur in dem Maße zerstören, wie sie in der Lage sind, mehr Wirklichkeit zu verkraften. Mit dem Zerstören der Scheinwelt ist noch nichts erreicht, wenn wir nicht Wege weisen, die nicht mehr heile Welt zu bestehen. Darum sind die Darstellungen in Büchern, Bühnenstücken, Fernsehen und Filmen und wo auch immer, die uns Sinnlosigkeit und Ausweglosigkeit vor Augen führen, keine Verarbeitung des Themas. Für die meisten gibt dies auch nicht den Anstoß zum Nachdenken und Nachfühlen, vielmehr treibt die vor Augen geführte Sinnlosigkeit und Destruktion des Daseins in die Depression und in die Suche nach Ersatzlust. Nicht immer ist die selbst gezimmerte Insel einer kleinen Scheinwelt in ihrer Auswirkung nur negativ zu bewerten. Sie ist im allgemeinen weniger schädlich und zerstörend als das, was manche Autoren und Regisseure an Auswurf über uns erbrechen, weil es ihnen selbst unverdaulich ist. Die Zustände einer desolaten Wirklichkeit lediglich in Widerspiegelung darzustellen ist noch lange keine Kunst und auch nichts Kreatives, selbst wenn formal talentiert dargestellt wird. Kunst rührt an andere Dimensionen, indem sie das real Vorgegebene übersteigt. Es langweilt uns längst, was wir nun seit Jahren an Destruktivem, an Neurotischem und Psychopathischem in allen Gebieten vorgesetzt bekommen. Obwohl zur Zeit Kritik in Mode gekommen ist, wird jedoch überall da keine kritische Stellungnahme gewagt, wo Sinnlosigkeit und Destruktion zelebriert werden, weil dies als progressiv gilt. Nicht stets progressiv zu sein, gelegentlich gegen Zeitströmungen Stellung zu beziehen, das war schon zu allen Zeiten ein Verhalten, das Mut und Klarsicht forderte.

Wir alle sind nicht in der Lage, uns immer ganz und in jedem Augenblick der tiefen Erschütterung durch die tragischen Vorgänge in der Welt zu stellen. Es ist psychologisch gesehen sinnvoll und lebenserhaltend, wenn wir uns gewisse Inseln schaffen, in denen wir unser Sein in Teilbereichen wenigstens geschützt empfinden, wo wir unser Vertrauen ins Dasein wieder stärken und unser Lustdefizit verringern können. In dieser Form zu verschnaufen, Kräfte zu sammeln, ist legitim und nicht Rückzug ins spießbürgerliche Glück. Obwohl im politischen und sozialen Bereich immer mehr Verbürgerlichung in unserem Jahrhundert stattgefunden hat, was als befriedigend und als Fortschritt betrachtet wird, mußte der Bürger sich eine Menge an Verunglimpfungen gefallen lassen, die zu einem großen Teil einfach aus Unverständnis stammen. Das Belächeln des beschaulichen Spaziergängers, der Freude am Gärtnern, einem Blumenstrauß oder einer sentimentalen Erinnerung hat – es ließen sich unendlich viele Beispiele solcher Art aufzählen –, ist Ausdruck einer im eigenen Innern verdrängten Gefühlswelt. Der Spötter versteht nicht mehr die kleinen Freuden des Alltags und erhebt sich selbst kompensatorisch in eine andere Dimension der Welt. Herablassung kommt bei denen auf, die selbst wenig oder nur in Teilbereichen erlebnisfähig und lustbegabt sind. Sie brauchen die Lust der Abwertung der andern und die damit verbundene Selbsterhöhung. Zunächst besänftigen sie damit das verdrängte Gefühl des Mangels an Erlebnisreichtum und Freude an den kleinen Dingen. Zum andern wehren sie damit ihre eigene unbewältigte und nur verdrängte Bürgerlichkeit ab. Wer in sich keinen Spießbürgeranteil trägt und verdrängt, muß den Bürger nicht dauernd bekämpfen.

Wir haben um so mehr Verlangen nach Lust, werden um so mehr von Lust-Hunger bestimmt, je weniger Möglichkeiten wir besitzen, Lust zu erleben, was immer mit einschließt, von Befriedigungserlebnissen uns ergreifen zu lassen, das heißt mit dem Erlebnis, das Lust auslösen könnte, etwas anzufangen wissen. Dies heißt kreativ sein. Fühlen ist, wenn es über die bloße Sinnenlust und Empfindung hinausgeht, ein Gestaltungsprozeß, etwas Schöpferisches. Darum sind die wirklichen Künstler emotional begabt. Wer mit dem, was seine Welt ihm bietet, nichts anzufangen weiß, erlebt keine Lebenslust. Sein Lustdefizit treibt ihn entweder ins Leiden, in die Krise und damit in die Lösungs- und Heilungssuche, oder aber in die Ersatzlust. Wie schnell sich auch bei der Ersatzlustsuche Zwänge einstellen und wie unfrei der einzelne dabei wird, sieht man nicht nur an allen Arten von Sucht. In einer studentischen Kommune, die im Gegensatz zum bürgerlichen Leben eine neue Lebensform versuchen und dem einzelnen alle Freiheiten gewähren wollte, entwickelten sich merkwürdige Zwänge. Keiner durfte zwar gezwungen werden, Grundregeln der Sauberkeit oder sozialen Verhaltens einzuhalten, aber es wurde zur »Pflicht« erklärt, daß jedes Gruppenmitglied jede Woche mit einem andern Mitbewohner sexuellen Kontakt pflegte. Damit sollte der Lustgewinnung freier Raum gewährt und Paar-Bildung, die als überholt angesehen wurde, vermieden werden. Wieviel Gefühlsangst sich hinter solchen Pflicht-Regelungen verbirgt, dessen sind sich solche Schein-Progressive nicht bewußt. Ein amerikanischer Schriftsteller meinte: Früher durfte die Jugend zwar kaum sexuellen Kontakt untereinander pflegen, aber sie durfte lieben und erlebte dabei viel Glück. Heute dürfen sie sexuelle Kontakte pflegen, aber nicht lieben. Man fragt sich, was den Menschen mehr frustriert und belastet.

Der heutige Kulturmensch ist nicht allein dann mit seinem Dasein zufrieden, wenn er Triebbefriedigung erlebt. In unserer Zeit sind ja für viele Menschen sinnliche Lusterlebnisse in hohem Maße möglich. Wie tief uns aber auch andere Anliegen und die Lust anderer Seinsebenen anrühren können und unsere Existenz betreffen, ist daran abzulesen, welches hohe Maß an Hingabe, Leistung, Anstrengung und Opfer bis hin zum Einsatz des eigenen Lebens aufgebracht wird von denen, die menschliche Ziele verfolgen, die jenseits von Naturhaftem liegen. Es handelt sich hier um Zielsetzungen, die fern des kleinen Alltags liegen und auch jenseits des nur Persönlichen. Dies führt in jene Bereiche, wo der Mensch sich selbst übersteigt. Solche Hingabe verleiht Größe. Dabei ist das Wort Lust mit Vorsicht zu gebrauchen. In der Verfolgung großer überpersönlicher Anliegen und Ziele kann vielmehr Glückseligkeit erlebt werden, die uns immer dann anrührt, wenn wir in besonderer Weise den großen menschlichen Anliegen nahe kommen.

In früheren Zeiten sprach man in solchem Zusammenhang von den großen Tugenden. Für uns Heutige ist dieses Wort vorbelastet. Nicht allein darum, weil man mit Tugenden Mißbrauch getrieben und sie zu Nützlichkeitszwecken eingesetzt hat, sondern auch darum, weil sie bei vielen Menschen Fehlvorstellungen auslösen. In den Zeiten des desintegrierten Denkens und der Negation des Unbewußten war Tugend oft Verdrängung und Unwahrhaftigkeit. Wir müssen darum auch neue Worte finden, die sich dann einstellen werden, wenn wir wieder offen sind dafür, unsere eigenen, unserem Zeitalter entsprechenden Tugenden zu suchen. Es werden wieder menschliche Grundanliegen und Bedürfnisse erkannt werden, die nicht naturwissenschaftlich abzuleiten oder gar zu erklären sind. Daß solches Geschehen sich nicht allein in großen Taten und Ereignissen vollzieht, sondern auch im kleinen Alltag, in aller Stille und häufig auch unbewußt und unbemerkt, verringert nicht seine Bedeutung und Größe. Im Vollzug solcher Lebensgestaltung ist auch Lustgewinn mitenthalten, wenn auch oft in schmerzlicher Vermischung mit dem Leiden.

Frustrationen

Im frühen Stadium der Psychoanalyse entstand vorübergehend die Vorstellung, daß der Mensch dann gesund und glücklich ist, wenn er rundherum sinnenhafte Triebbefriedigung erlebt. Sigmund Freud kam auf diese Feststellung, weil er bei seinen Patienten zu Beginn unseres Jahrhunderts beobachtete, daß sie mehr oder weniger im vitalen Vollzug des Leiblichen, vor allem im Sexualbereich, gestört waren. Dies war auch ein Merkmal der damaligen höheren sozialen Schicht, speziell bei den Frauen. Die von Freud im besonderen erforschte und bearbeitete Neurose wurde darum zunächst als Hemmung des Sexualtriebes und damit als Mangel an vitaler Lust definiert. Der logische Schluß war: Triebbefriedigung ist Heilung. Es gibt auch heute noch Gruppen, die diesen damaligen, zeitbedingten Kurzschluß vertreten und zum Ausgangspunkt einer Art Trieb-Religion nehmen. Längst ist aber in breitem Umfang erwiesen, daß das Einüben und Praktizieren ungehemmter Sexualität dem heutigen sogenannten »befreiten Menschen« neue Probleme und keineswegs ein Allheilmittel gebracht hat. Eines ist jedoch richtig: Es ist gefährdend, wenn naturhafte Teile vom Menschen fortwährend verdrängt und verleugnet werden müssen. Dies führt häufig dazu, daß gerade diese vitale Seite dann nicht integriert wird, nicht ihren Stellenwert in der Gesamtpersönlichkeit erhalten kann und sich darum um so hartnäckiger und zwanghafter in Symptomen bemerkbar macht. Solche psychisch Kranken lassen erkennen, daß eine Störung im Lust-Bedürfnis, ein Zuviel an Lustverzicht im vitalen Bereich von vielen Menschen nicht ausgeglichen werden kann und dann zu entsprechenden Krankheitssymptomen führt.

Man könnte Freuds Entdeckungen am neurotischen Menschen auch so formulieren, daß Mangelerlebnisse in den verschiedenen frühen Entwicklungsphasen die Lebensfreude und Gestaltungsmöglichkeiten des Lebens reduzieren und darüber hinaus Angst auslösen können. Heute wissen wir, daß dabei nicht allein Mangel an leiblichen Bedürfnisbefriedigungen entscheidend ist. Was über die Art und Tiefe einer Störung entscheidet, ist nicht das Maß der Versagung von Triebbefriedigung, sondern was an Lustmangel entstand. Das ist nicht dasselbe. Der Trieb ist blinde Naturenergie. Die Lust ist ein Lebensprinzip, in dem Lebensgestaltung intendiert wird. Entscheidend ist darum nicht das Maß der Frustration, vielmehr das Maß des erlebten Ergriffenseins von Lusterlebnissen. Die reine Triebbefriedigung führt den Menschen über sein naturhaftes Verhalten nicht hinaus. Nur das Ergriffenwerden von Lust und Lebensfreude führt an die Dimension des Urvertrauens und an die Möglichkeit von Sinnerlebnissen heran.

Lustversagung und Angsterfahrung in der frühen Kindheit führen zu der Befürchtung, daß weiterer Lebensvollzug neue Frustrationen bringt, denen ich mich nicht gewachsen, von denen ich mich überfordert fühle, zumal wenn ein ohnedies schon vorhandenes Lustdefizit anzeigt, daß keine Lösungen gefunden werden konnten. Darum lebt der neurotische Mensch in einer Schwellenangst, das heißt, er fürchtet sich, die nächste Stufe seines Weiterwachsens anzugehen. Den damit verbundenen neuen, unbekannten Forderungen fühlt er sich nicht gewachsen, weil ihm die Lebenslust fehlt, die notwendig ist zu gesundem Vorangehen und zu gesundem Neugierverhalten, das mit zur Welteroberung gehört. Die Formel heißt dann: Ich bleibe lieber klein und geschützt in einem mir vertrauten Bereich, als in unvertraute Möglichkeiten hineinzuschreiten. Neurose ist darum auch als Entwicklungsstörung definiert worden. Man kann in vielen Fällen sogar von Entwicklungsverweigerung sprechen.

Das Erlebnis des Lustmangels in der frühen Kindheit wird zweifellos von den einzelnen Menschen sehr verschieden beantwortet. Bei manchen führt es zur Gier nach Lust, zur infantilen Lust-Fixierung. Dann wird nur das ins eigene Leben einbezogen, nur das realisiert, was infantilen Lustwünschen entspricht. Dadurch ist Lustaufschub oder gar vorübergehender Lustverzicht und damit ein Hineinwachsen in die höhere Lustebene nicht möglich. Man ist in dem von der Neurose geprägten Persönlichkeitsanteil nicht belastbar. Der Spannungsbogen ist zu gering, die infantile Anspruchshaltung zu groß. Darüber darf man sich bei solchen Menschen nicht hinwegtäuschen lassen, auch wenn in gewissen Teilbereichen erwachsenes Verhalten an den Tag gelegt wird. Wer mit solchen Menschen länger zu tun hat oder mit ihnen zusammenlebt, wird unter ihren Infantilismen, ihrem Mangel an Bereitschaft, notwendige, vorübergehende Frustrationen auf sich zu nehmen, zu leiden haben. Man darf hier nicht von Selbstliebe sprechen. Sie ist etwas Gesundes und entwickelt sich über die Liebesfähigkeit, die auch die Nächstenliebe zuläßt. Wer seine ganze Libido auf sich selbst begrenzt und zu keinem andern Objekt hinfindet, leidet an Selbst*sucht*. Das damit verbundene unsoziale Verhalten kennt nicht den Zusammenhang zwischen Nehmen und Geben. Wer nur Lust im Nehmen erleben kann, wird vom Neid geprägt und lebt letztlich nach dem Grundsatz: Kampf aller gegen alle, während die Nächstenliebe die maßvolle Rücksichtnahme aller fordert. Nehmen und Geben, Empfangen und Schenken gehören beide zur normalen Entwicklung. Beide Haltungen sind in uns verankert, beides kann uns mit Lust beglücken. Die äußere Realität um uns wie auch die innere Realität in uns fordern beides. Leben heißt auch hier: sich mit Polaritäten auseinanderzusetzen.

Die Entdeckung der Bedeutung der frühen Kindheit hat dazu geführt, daß bewußte Eltern und Erzieher darauf zu achten gelernt haben, Säuglingen und Kindern elementare phasenspezifische Bedürfnisse zuzugestehen. Dies führte zunächst wie alles Neue bei vielen zu Übertreibungen der Art, daß Eltern sich fürchteten, überhaupt zu erziehen, das heißt notwendige Leitplanken zu setzen. Inzwischen haben wir klare und auch als wissenschaftliche Arbeiten anerkannte Ergebnisse vorliegen, die zeigen, daß neben der elementaren Bedürfnisbefriedigung auch schon beim Kleinkind sehr behutsam mit kleinen Frustrationsübungen und entsprechenden Forderungen begonnen werden soll. Das Problem liegt in der Praxis darin, daß die wenigsten Eltern darüber unterrichtet sind, *was* einem Zweijährigen, Drei- oder Vierjährigen an Aufgaben sinnvoll zu stellen ist, und ebenso, *wie* dies pädagogisch richtig einzubringen ist. Die Notwendigkeit, den Spannungsbogen zu trainieren und von der alles gewährenden Erziehungsform abzugehen, ist erkannt. Die Angst vor dem Rückfall in schädigende und Lebensentfaltung hemmende Erziehungsformen ist aber noch allzu groß, so daß in der breiten Öffentlichkeit zunächst ein zögerndes und abwartendes Verhalten in dieser Hinsicht besteht.

Kinder werden nach der Säuglingszeit aus dem »ozeanischen Symbiose-Erlebnis« mit der Mutter durch den Vater herausgeholt, womit dieses irreale Erlebnis langsam abgebaut wird. So formuliert die Psychoanalyse nach Sigmund Freud. Der Vater ist hier nicht personal, vielmehr symbolisch zu verstehen. Das Männliche im Erzieher und in den Beziehungspersonen vertritt die Trennung vom Ur-Einssein, was dem Weiblichen als Seinsweise viel näher steht. Wir wissen heute, daß Mütter auch männliche Seinsweisen in sich tragen, ebenso wie Väter weibliche Seinsmodi vertreten können. Das vereinseitigende Rollenverhalten können wir darum heute in psychologischen Deutungen nicht mehr vertreten. Auch die Psychoanalytiker Freudscher Prägung sind inzwischen über die konkretistischen Deutungen in der Psychologie hinausgewachsen. Der Vater ist darum besser zu ersetzen durch das männliche Lebensprinzip. Dieses vertritt in der Kindheit das Realitätsprinzip und führt damit weg von irrealen Omnipotenzgefühlen der frühen Kindheit. Durch den Einbruch der Lebenswirklichkeit wird die Auseinandersetzung mit der Realität und ihre allmähliche Annahme eingeleitet, und das führt zu einer Ich-Entwicklung, die nicht im Gegensatz zur Wirklichkeit steht. Wo dies nicht geschieht, bleibt oft ein ewiges Bedürfnis nach Symbiose mit der Mutter erhalten, was sich in recht vielfältiger Weise auf andere Personen übertragen kann oder gar auf Institutionen oder Ideologien. Wenn die Konfrontation mit der Realität in der frühen Kindheit nicht erfolgt, bleibt durch alle späteren Entwicklungsstufen der Zustand erhalten, in welchem die Welt in gut und böse aufgeteilt wird. Es wird nicht in Erfahrung und ins Bewußtsein gebracht, daß der Mensch wie auch die Objekte beide Eigenschaften enthalten, also gut und böse sein können, daß beides zur Welt unseres Daseins gehört. Wo diese Realität nicht wahrgenommen wird, kommt es zu überhöhten Ich-Idealen und überhöhten Zielsetzungen, die nicht erreicht werden können. Wer zu viel will, läuft immer Gefahr, sich als Versager zu erleben. Darum vermeiden solche Menschen sehr häufig den Versuch, überhaupt etwas konkret zu realisieren, eben weil der überhöhte Anspruch nicht erfüllt werden kann. Wenn aber nicht erreicht wird, was einem an Idealisiertem vorschwebt, bedeutet dies eine starke narzißtische Kränkung, also Einbuße an Selbstwertgefühl. Dann unterläßt man erst recht den Versuch, etwas zu wagen. Ich habe viele erlebt, die ihr Examen lieber nicht begonnen haben, weil die Angst vor der narzißtischen Kränkung, nämlich davor, vielleicht mit einer ganz einfachen und wenig Glanz verleihenden Note abzuschneiden, zu groß war.

Während manche Menschen die Lust aberzogen bekamen und Lust zu erleben erst lernen müssen, gibt es auch solche, die das Ertragen von Unlust nicht üben konnten und erlernen müssen. Wer aber ohne Frustrationstoleranz lebt, wird schwach und abhängig bleiben, selbst wenn sich dies nur auf Teilbereiche seiner Persönlichkeit bezieht. Frustration ist die Beeinträchtigung meiner Bedürfnisse oder meiner Wünsche. Wer kann schon leben, ohne solchen Erfahrungen ausgesetzt zu sein! Ein junger Mann formulierte sein unmäßiges Lustverlangen, was immer heißt: seine Frustrationsunfähigkeit, in folgendem Satz: »Ich könnte das Leben gut aushalten, wenn das ganze Jahr Weihnachten wäre.« Er war in diesen Tagen reichlich und über seine Verhältnisse hinaus beschenkt, ja verwöhnt worden. Es waren Ferien, und zu Hause kam ohnedies niemand auf den Gedanken, dem verwöhnten Sohn eine Hilfeleistung abzuverlangen. Sein Symptom war: Arbeitsstörung, Schwellenangst, Leistungsverweigerung und gelegentliches Stehlen aus dem Geldbeutel der Eltern, zuweilen auch in Warenhäusern. Dort stahl er sinnlosen Kleinkram, den nicht zu haben gar kein Verzicht war. Die Frustrationsverweigerer müssen nicht immer etwas real Notwendiges oder die Erfüllung echter Bedürfnisse haben, es geht ihnen vielmehr ums Haben an sich, das suchtartig auftreten kann. Es tritt immer auf bei Kindern, Jugendlichen oder auch Erwachsenen, denen tatsächlich etwas fehlt. Meist ist es nichts Materielles, keine Not im äußeren Bereich. Es fehlt ihnen jedoch echte Lebenslust und das, was zum altersgemäßen vollen Leben gehört. Dem eben erwähnten Schüler wurde durch Verwöhnung von klein auf das Erlebnis von Gefordertsein und Können verwehrt. Er hat seinerseits die angebotene Rolle gerne angenommen und sich dann später auch nicht aus eigenem Antrieb in altersgemäße Lebensgestaltung gewagt.

Wenn man diese kurze Skizzierung des Fehlverhaltens dieses Jungen hört, kann es leicht geschehen, daß man ihm gegenüber etwas wie Abwehr empfindet. Doch nicht alle Verwöhnten werden solchermaßen sichtbar unsympathisch. Es ist jedoch interessant, diese Schilderung auf den heutigen erwachsenen Menschen anzuwenden, zu fragen: Wo sind unsere übermäßigen Wunschansprüche? Wo überlassen wir es den andern, uns zufriedenzustellen? Wo sind auch wir unter dem Zwang des Haben-Müssens? Will auch ich im Grunde täglich Weihnachten feiern und beschenkt sein? Wie sind Nehmen und Geben in meinem Leben verteilt? Es gibt ganz einfache Möglichkeiten, sich schon im ganz Kleinen, Alltäglichen zu ertappen, blindes Gehen-Lassen bei sich selbst festzustellen. Kann ich mir Grenzen setzen oder nicht?

Wieviel Zigaretten, Bier oder Schnäpse gestehe ich mir zu? Oder vollzieht sich dies alles blind und ohne Bewußtsein im Sinne der oralen Befriedigungsphase, da wir noch säuglingshaft die Welt über den Mund und darum auch viel Lust über den Mund und das Sich-Einverleiben erlebten? Wenn ich von solchen zwingenden Bedürfnissen getrieben bin und in oraler Fixierung lebe, ist die Frage: Woher stammt mein übermäßiges Verlangen nach solcher Lust? Warum brauche ich infantile Ersatzlust? Woher kommt es, daß ich zu wenig echte Lebenslust erlebe, zu wenig Befriedigung in anderen Möglichkeiten und Bereichen finde? Es ist sehr wichtig, zu wissen, aus welchen Quellen und Lust-Ebenen man sein Lustquantum bezieht und in welchen Lustmöglichkeiten man Leerlauf hat. Es ist interessant, festzustellen, daß die gierigen und ihre gesunden Bedürfnisse nicht regulierenden Menschen häufig Störungen im sozialen Verhalten zeigen. Dabei sind Überforderungen sich selbst gegenüber wie auch Unterforderungen im Hinblick auf die eigene Person möglich.

Zu diesen Fragen gehört dann auch die Prüfung meiner Frustrationsfähigkeit: Kann ich Lustaufschub und teilweisen Lustverzicht leisten, oder bin ich gar von Lust-Angst besetzt und darum manchem Lust-Zwang unterworfen? Lebe ich so, daß mein notwendiges Lustquantum, die zur Lebenslust notwendige Freude, sich in meinem Leben realisieren kann? Vernachlässige ich zum Beispiel die einfachen Bedürfnisse wie Bewegung und Lufthunger? Habe ich Zeiten der Ruhe und Beschaulichkeit? Gibt es eine Beziehungsperson, zu der ich von mir, meinen Gefühlen und Gedanken sprechen kann? Kenne ich auch das lustvolle Gefühl, einem anderen etwas Gutes getan, gegeben zu haben? Dies sind nur einige der ganz elementaren Bedürfnisse, die von vielen mißachtet werden und nicht mehr in ihr Bewußtsein treten dürfen. Darum wissen und fühlen viele von Unlust geplagte Menschen nicht mehr, was ihnen fehlt, was ihr Lebensgefühl positiver gestalten könnte. Daß dies auch mit den kleinen

Dingen des Alltags zusammenhängt, wollen viele nicht wahrhaben, weshalb sie aus Unwissenheit über die scheinbar kleinen Belange lächeln. Lustmangel entsteht auch dann, wenn Menschen zu wenig gefordert sind, ihre vorhandenen Kräfte und Möglichkeiten zu wenig einsetzen müssen. Bei Kindern und Jugendlichen wird dies viel eher erkannt, während diese Tatsache beim Erwachsenen noch zu wenig Berücksichtigung findet. Lustdefizit ist auch im sozialen Erlebnisbereich zu beobachten.

Es ist merkwürdig, wie heutzutage manche Menschen auf die neu entdeckte Bedeutung der Lust reagieren. Jeder setzt zunächst auf der Ebene an, die ihm nahe liegt. Eine Sechzehnjährige fragte mich einmal, ob es schädlich sei, wenn sie eine Weile keinen Freund habe, mit dem sie schlafe. Eigentlich habe sie danach gar nicht immer Verlangen. Aber sie habe gehört, daß man sich schade, wenn man nicht regelmäßig sexuellen Kontakt pflege. Wir sehen hieran, wie groß die Mißverständnisse sind, wenn etwas Theoretisches direkt angewandt werden soll. Daß durch echten Lustverzicht, das heißt durch freiwillige Ablehnung von Genüssen, auch eine Lust entsteht, etwa durch ein damit erlebtes Selbstwert- und Eigenmachtgefühl und bewußte Lebensgestaltung, davon zu hören erweckt noch bei vielen Widerstand. Dies hängt damit zusammen, daß wir die Zeiten der Entbehrungen und des erzwungenen Lustverzichts wie auch der erzwungenen Verbote noch nicht allzu lange hinter uns haben, die Folgen also noch über die Elterngeneration wirksam sind, sei es über die Hemmung oder die Enthemmung.

Viele unserer Errungenschaften im menschlichen Bereich, auch die größeren Freiheiten und Verwirklichungsmöglichkeiten, haben zunächst zu einer Regression geführt. Man kann sagen zu Verschlechterungen in der Situationsbewältigung. Dies ist psychologisch begründet. Wo Über-Ich-Zwänge abgebaut werden und damit die Angst vor Bestrafung, müssen stärkere Ich-Kräfte vorhanden sein, die nicht aus Zwang, sondern aus Einsicht und gesunder Emotionalität heraus regulierend wirken und die Sozialisierung übernehmen. Dieses reifere Stadium wird jedoch nicht von heute auf morgen erreicht, zunächst überhaupt nur von einer Minderheit. Darum erfolgt fürs erste bei vielen ein Rückfall in primitivere Verhaltensweisen: in Egoismen, Lustsuche für sich selbst ohne Verantwortung für die andern. Dies vollzieht sich um so mehr, je weniger Wir-Gefühl und Identität mit einer Gruppe entwickelt ist. Der extreme Individualismus, aus dem wir uns zu lösen beginnen, traf in unserem Jahrhundert zusammen mit dem Abbau von Über-Ich-Zwängen. Das Ergebnis ist bei vielen eine primitive Lustsuche, bei der jeder unreguliert seinen Antrieben nach einfachen Lusterlebnissen freien Lauf läßt. Die nicht bewältigte Emanzipation in unserem Jahrhundert ging sogar so weit in die Rückentwicklung, daß es von vielen als »natürlich« angesehen wird, immer zuerst an sich zu denken und entsprechend zu *handeln*. Dies ist eine Rückläufigkeit zum Naturwesen unter Verzicht auf Integration in die Kultur. Wer nur an sich denkt und ohne Wir-Bezug lebt, stellt an die andern, an die Gesellschaft, den Staat und Institutionen Ansprüche wie Kinder an Vater und Mutter. Dahinter steht der Wunsch, von andern getragen, versorgt und beschützt zu werden ohne Gegenleistung wie als Kind. Man selbst fühlt sich dann jeder Verantwortung für die andern wie auch für sich selbst enthoben, verliert aber auch eine große Portion an Lebenslust, die beim gesunden, normal entwickelten Menschen dann entsteht, wenn er vom Leben seinen Möglichkeiten entsprechend angesprochen, gebraucht und gefordert wird. Je genüßlicher jemand leben will, um so unfreier und abhängiger wird er. Wer den eigenen Einsatz verweigert, kommt bestenfalls zu Genüßlichkeiten, jedoch nicht in jenen Bereich, wo das Glücklichsein anfängt.

Die Verführbarkeit der Lustlosen

Die große Leere und Langeweile, die innere Unzufriedenheit bei vielen unserer Mitmenschen ist nicht allein im Hinblick auf diese einzelnen von Bedeutung. Die lustlose Lebenshaltung vieler Menschen ist ein gefährliches Potential für die Allgemeinheit. Ungelebtes Leben schwelt in unbewußten Bereichen. Da es nach Verwirklichung verlangt, jedoch keine Lebensgestaltung finden kann, geht der Weg häufig in die Krankheit und in die Kriminalität. Die psychische Situation der Erwachsenen und Heranwachsenden mit innerem Leerlauf schafft auch die Voraussetzung zu latentem Aggressionspotential, das die Basis bildet zu Gewalttätigkeiten. Jugendliche Mörder, die ihre Opfer unter bestialischen Umständen zu Tode gequält haben, gaben im Verhör in eigenen Formulierungen zu erkennen, daß sie gerade Langeweile hatten. Es waren nicht junge Menschen, die wenig Geld und Konsummöglichkeiten hatten oder sich frustriert fühlen mußten, weil sie nicht wie die andern Alkohol, Zigaretten und oralen Genuß erleben durften. Im Gegenteil konnte festgestellt werden, daß im Verhältnis zum Lebensalter eine Menge Geld wöchentlich umgesetzt wurde. Als in München ein Heranwachsender einen älteren Mann um eine Zigarette auf der Straße anbettelte und er die gewünschte Zigarette nicht erhielt, stieß er diesem Mann ein Messer in den Brustkorb. Als vier junge Leute sich reichlich viel an Genüssen zugeführt hatten – sie hatten den Eisschrank in der Elternwohnung geleert, den vorhandenen Wein und Alkohol sich geholt, eine Menge geraucht und sich dann schrecklich gelangweilt –, wußten sie nicht mehr was tun. Außer weiter zu trinken, zu essen und zu rauchen kannten sie keine Lustmöglichkeit. Also machten sie sich auf den Weg zu einem Kellereinbruch, um dort an Konserven und weiteren Alkohol zu kommen. Als sich ihnen jemand in den Weg stellte, schlugen sie diesen Menschen nieder. Obwohl in unserer Gegenwart den allermeisten unter uns eine Fülle von materiellen Genüssen zur Verfügung steht, tritt keine Befriedigung ein. Die Genüßlichkeit macht im Gegenteil unersättlich. Das Problem unserer Zeit ist darum nicht, noch mehr an materiellem Wohlstand zu bieten, vielmehr das im Menschen anzusprechen, was mehr Lebenserfüllung gewährleistet. Man kann bei zu viel durch Zivilisation gebotenen Genüssen total verrohen.

Solche Menschen sind auch in hohem Maße verführbar. Gegenüber allem, was Lust ohne Aufwand und damit Ersatzlust verspricht, sind sie anfällig. Dazu gehören nicht nur die Süchte, die in ihren Folgen eine große Belastung für die Allgemeinheit bringen, sondern dazu gehört auch die Verführbarkeit gegenüber zur Suggestion begabten Verführern. Diese treten in unserer Zeit in allen Sparten auf, auch als religiöse Verführer. Ein solcher äußerte vor der Sektengründung klar und deutlich, daß er dies als den einfachsten Weg ansehe, zu Geld zu kommen. Er hat eine »religiöse Bewegung« gegründet und inzwischen sein Ziel erreicht: Er ist sehr reich, und darüber hinaus besitzt er Macht über andere und wird bewundert als Projektionsträger. Überall sehen wir, in welch hohem Maße der »entleerte Mensch« wieder Inhalte sucht und verführbar ist, das heißt zur Projektion bereit. Auch die politische Verführbarkeit darf nicht unterschätzt werden. Politiker, die Ideale verkünden und von Gerechtigkeit, vom Wohlstand aller reden, die dem Menschen die Machbarkeit und Lösbarkeit aller Dinge und Probleme verkünden, sind von hoher Verführungskraft. Denn wer auf der Suche nach Ersatzlüsten ist, will nicht kritisch denken und sich der Realität und dem real Möglichen nicht stellen. Dazu muß man erwachsen sein, denn erst dann kann man sich dem Realitätsprinzip voll stellen. Hitler liebte es, sich als Realpolitiker zu bezeichnen. Von seinem Bewußtsein her war ihm klar, daß dies die hohe Kunst eines Politikers ist. Sein krankhaftes Wunschdenken, die Zwänge seiner Ideen waren jedoch übermächtig und ließen ihn blind sein gegenüber jeder Wirklichkeit.

Die verführbaren Lustlosen, die selbst wenig Lebensgestaltung vollziehen können, lieben die Steigerung durch Extreme. In ihnen ist die Bereitschaft zu rigorosem Vorgehen bis hin zur Gewalttätigkeit. Gewalt wird dann bedenkenlos für Ideen eingesetzt. Wer selbst mit der Realität nicht mehr zurechtkommt, sucht jene Führer, die vorgeben, für sie zu denken, zu handeln und den absolut richtigen Weg zu wissen. Wer selbst nichts mehr fühlen kann, wem selbst nichts lieb ist, für das er sich einsetzen und für das er vordergründigen Lustverzicht auf sich zu nehmen bereit ist, der lebt wert-los im ganz wörtlichen Sinne. Dies führt zu einem destruktiven Relativismus. Dann wagt man nicht mehr, klare Unterscheidungen zu treffen. Wenn etwas erklärbar, verständlich und psychologisiert ist, meint man, damit die Rangordnung einer Sache oder Handlung erfaßt zu haben. Sofern ich nichts mehr aus meinem Gefühl heraus mit Wert oder Unwert belegen kann, bleibt für alles nur noch die Kategorie der Nützlichkeit und des Zwecks.

Wie oberflächlich das Denken des Relativisten ist, sei an dem immer wieder zitierten Beispiel des Kannibalismus aufgezeigt. In unserer Kultur ist es ein Unrecht, einen andern aufzufressen. Ein Volksstamm von Kannibalen bewertet dies jedoch anders. Mit diesem Beispiel wollen die Relativisten, gestützt durch oberflächliche Soziologie und Psychologie, nachweisen, daß das Recht und Unrecht, das, was wir als moralisches Gewissen bezeichnen, eine höchst relative Angelegenheit sei, also lediglich eine Sache der Auffassung. Daß die Inhalte des moralischen Gewissens im Laufe der Entwicklung von Stämmen, Völkern und auch von Einzelwesen sich geändert haben, ist eine Tatsache. Damit aber die Notwendigkeit von Gewissen – was sich in allen menschlichen Kulturen findet – abzulehnen ist reine Unwissenheit. Der moralische Relativismus endet direkt in hemmungslosem Subjektivismus. Er führt dazu, daß es außer mir selbst und dem Streben nach meiner Befriedigung nichts von Belang für mich gibt. Es ist die Anbetung des eigenen Ich, das zum Maßstab aller Dinge wird, zum Zentrum aller Werte und Lüste. Dann bin ich nicht mehr in der Lage, außerhalb meiner unmittelbaren Bedürfnisbefriedigung – was dann meist auf der Ebene der Triebbefriedigung zu verstehen ist – Werte zu erleben. Es ist ein Leben ohne sozialen Bezug und ohne Zukunft. Wertverlust ist aber immer Gefühlsverkrüppelung und Liebesunfähigkeit zugleich. Wo das Lustprinzip bedingungslos herrscht, richtet sich der Mensch zugrunde.

Solange auch Wissenschaftler vom Menschen in solch oberflächlicher Weise und vom Zeittrend bestimmt denken und ihn damit nur selektiv wahrnehmen, können wir von dieser Seite keine Hilfen erwarten. Es läßt sich zweifellos nicht leugnen, daß Gewissensinhalte anerzogen, kulturell mitbestimmt und darum in ihren Auswirkungen verschieden sind und auch bei entsprechenden Entwicklungsprozessen sich verändern. Damit ist zwar der Gewissensinhalt, jedoch nicht das Gewissen als solches relativiert. Wer auch nur ein wenig vom Menschen weiß und mit wachen Sinnen lebt, sieht die Ergebnisse von Zeiten der Gewissenlosigkeit. Sie führen in die Anarchie, in die Wir-Losigkeit, die immer auch schon die Selbstzerstörung beinhaltet. Die bedenkenlose Umweltzerstörung und Gefährdung anderer, die zum Beispiel durch Abfälle der Industrie hervorgerufen wurde und täglich wird, ist nur ein Beispiel, das uns zeigt, wie es um das soziale Verhalten in unserem Kulturkreis steht. Unsoziales und schädigendes Verhalten wird offiziell akzeptiert. Es ist in vielen Bereichen noch nicht üblich, bei einem Schaden, der der Allgemeinheit entsteht, den Zuständigen zur Verantwortung zu ziehen. Die Aufrechterhaltung gesunder Über-Ich-Funktionen darf nicht nur im Hinblick auf den einzelnen gefordert und anerzogen werden, vielmehr sind diese auch im Kollektiv und in der Anwendung auf die Allgemeinheit notwendige Schutzfunktionen und von großer Bedeutung.

Wenn die erhaltenden und beschützenden Kräfte reduziert werden, wird unser Ich zwar nicht von Über-Ich-Funktionen geplagt, jedoch von den im Dunkeln der Seele vorhandenen archaischen, unbewußten Mächten überflutet und entmachtet. Damit vollzieht sich der Rückfall ins Barbarische, was wir zum Teil in unserem Jahrhundert schon allzu deutlich sichtbar und konkret erleben mußten. Mit dem Verlust des unserer Kulturstufe gemäßen Gewissens – das in seinem *Inhalt* durchaus nicht als Ewigkeitswert zu betrachten ist – wird oft auch das biologische Gewissen zerstört, nämlich das eben nicht anerzogene Reagieren der Psyche. Dies ist in uns wirksam jenseits von aller Ratio. Es reagiert mit Befriedigung bis hin zum Glücksgefühl, wenn wir etwas tun oder nicht tun, was die Entwicklung hin zum Menschsein fördert, und es meldet sich durch Unbehagen bis hin zur Erkrankung und Symptombildung, wenn wir uns gegenüber den immer gültigen Lebensgesetzen der Entwicklung und Entfaltung nicht richtig verhalten. Bei differenzierten Menschen meldet sich dieses andere, tiefergründige Gewissen oft schon dann, wenn sie aus dem Maß fallen, wenn sich Disproportionen bilden. Dabei kann man leicht in Gewissenskonflikte geraten durch die Rangordnung von Werten. Häufig taucht auch die Frage auf, inwieweit ich Lustbefriedigung im Hier, Jetzt und Gleich zurückzustellen, aufzuschieben vermag um anderer Ziele willen. Dabei ist das Maßfinden nach beiden Seiten schwierig. Nicht allein die Lust-Gier wirkt zerstörend im Werdeprozeß des Menschen, auch die Überforderung im Lustverzicht führt in Gefährdung und Entfaltungshemmung.

Wir haben in unseren Sprechstunden viele, die durch moralische Überforderung erkrankt sind, aber auch viele, die aus moralischer Unterforderung Symptome bildeten. Man erkrankt nicht nur infolge schwerwiegender Verletzungen durch ein anerzogenes, oft hypertrophiertes Über-Ich bei einem schwachen Ich. Solche Störungen sind eng mit der Ich-Stärke oder Ich-Schwäche gekoppelt. Man erkrankt auch dann, wenn man das biologische Gewissen mißachtet und die Aufgabe der Lebensentfaltung, des sinnvollen Einsatzes und der Hingabe an etwas, was über uns hinausweist, versäumt. Darum ist der von manchen Intellektuellen vertretene totale Relativismus eben sehr relativ, nämlich nur in Teilaspekten gültig. Unsere Lebensgestaltung und unser Lebensglück hängen nicht vom Maß an Lusterlebnissen ab, sondern davon, wieweit es uns gelingt, zum Ganz-Sein, was immer auch bedeutet Heilsein, hinzuwachsen. Die intrapsychische Ganzheit ist zugleich Teilhabe am Ganzen des Seins, am Oben und am Unten, am Ich wie am Wir.

Die Angst vor der Realität, man könnte auch sagen vor der Wahrheit, bewegt uns immer wieder. Realität auszuhalten erfordert die ganze Kraft des erwachsenen Menschen. Das Kind erlebt darum über viele Jahre hin die Welt nur in Teilausschnitten und erobert sie seinen Möglichkeiten und seiner Libido entsprechend. Diese Welteroberung, das Erlebnis, Welt wahrzunehmen, zu erkennen, mit ihr umgehen zu lernen, ist ein lustvoller Prozeß und vollzieht sich nicht ohne Anstrengung. Wer Kleinstkinder in ihrem oft hartnäckigen Tun beobachtet, kann dabei eine Menge lernen. Schon in diesem frühen Stadium wird Lust des Einsatzes, Lust intensiven Wollens, Lust der Anspannung deutlich sichtbar. Daß Lust nicht allein in der Entspannung, sondern auch in der Anspannung enthalten sein kann, vermag jeder bei sich selbst zu erleben. Dies kann man übrigens auch bei Tieren beobachten. Die Rangordnung der Werte ist bei Kindern schon früh gültig. Sie verzichten spontan auf manchen materiellen Genuß, wenn etwas anderes, zum Beispiel ein Zusammensein mit einem geliebten Menschen oder eine seelische Zuwendung, zur Wahl steht. Auch Tiere haben solche Rangordnung der Werte. Ein junger Hund, der von seinem Herrn nicht sehr geliebt, wohl aber mit Leckereien und Süßigkeiten beschenkt wurde, lief immer von seinem Herrn und auch von dessen Süßigkeiten weg, wenn er mich sah, und zeigte Merkmale äußerster Freude. Er hatte von mir nie etwas bekommen außer ein paar guten Worten, die meine Zuneigung zu ihm ausdrückten. »Er liebt Sie mehr als Zucker«, sagte sein Herr, aber er dachte nicht darüber nach, warum das so war. Dann hätte er nämlich seine eigene Wirklichkeit und die seines Hundes wahrnehmen müssen. Aber das wollte er nicht. Es ist einfacher, seinem Hund täglich Wurststücke und Zucker zu geben, als liebesfähig zu werden. Darum wollte jener Hundebesitzer auch meine Wirklichkeit nicht sehen. Meine Freude an dem Jungtier, meine Zärtlichkeit ihm gegenüber hätten ihn zum Nachdenken anregen müssen durch den Aufforderungscharakter, der solchen Erfahrungen innewohnt. Die Grundhaltung vieler heißt: Wenn ich nicht viel wahrnehme, wenig erkenne, werde ich nicht beunruhigt und kann bleiben, wie ich bin. Das Problem bei dieser Einstellung ist aber das mangelnde Lusterlebnis. Herr A. hatte keine großen Lusterlebnisse mit seinem Hund, wollte sie aber haben.

Genauso verhalten wir uns in anderen Bereichen. Zwei befreundete Familien fuhren für vier Wochen nach Italien in Urlaub. Die eine Familie kam enttäuscht und voll Ärger zurück. Sie war schon mit falschen Erwartungen losgezogen. Wenn man ganz ruhige, in der Stille der Natur erlebte Ferientage sucht, darf man nicht nach Italien in eine Pension gehen. Alle Aussagen über den Urlaub waren negativ: Es war laut und Tag und Nacht Lärm, auf den Straßen am Strand und überall viel zu viele Menschen und Gestikulieren. Das Doppelbett und alles rundherum war eben nicht wie zu Hause. Wenn das Ungewohnte stets negativ erlebt wird, sollte man einfach zu Hause bleiben oder aber seine Ferien mit mehr Bedacht und Überlegung planen. Die andere Familie war aufgeschlossener, neugierig gegenüber dem Andersartigen und Fremden und erlebte darum positive Urlaubstage. Das Doppelbett fand sie als neue Erfahrung ganz gut. Sie brachte neue Kochrezepte mit nach Hause. Weil sie trotz viel Lärm offen war für die anderen Menschen, erlebte sie sehr positive Kontakte. Sie kam mit der Erfahrung nach Hause, in diesem andern Land Menschen getroffen zu haben, die jedem Autofahrer, jedem Fremden mit einer menschenfreundlichen Hilfsbereitschaft begegneten, wie sie es hier bei uns kaum gefunden hatte. Da haben Italiener für sie Ferngespräche geführt, um etwas über eine Ausstellung zu erkunden, haben ihnen den Hund für mehrere Tage abgenommen und gehütet, und die am Strand verlorene Brieftasche mit Geld wurde ihnen nachgetragen. Ja, auch das gibt es in einem Land zu erleben, wo man sonst oft und gerne übers Ohr gehauen wird.

Dies sind ganz banale Beispiele, die zeigen, in welch hohem Maße wir uns selbst Lebenslust verbauen und uns, man könnte sagen »mit System«, ins Unbehagen treiben. Daß eine solche Grundeinstellung nicht nur im Urlaub praktiziert wird, sondern uns auch zu Hause eingrenzt und positive neue Erlebnisse verhindert, ist mit Sicherheit anzunehmen. Wir wünschen uns Lust und Freude, bemerken aber nicht, daß wir die Wirklichkeit um uns her nicht wahrnehmen, falsch beantworten und uns selbst daran hindern, Lebenslust zu erfahren. Da Lust aufs engste mit dem Leben verflochten ist, vollzieht sie sich in der Begegnung mit der Wirklichkeit. Bei einer normalen Entwicklung nehmen wir zunehmend Bereiche der Welt und neue Seins-Ebenen wahr, lernen sie zu erobern, das heißt, wir lernen mit ihnen zu leben, mit ihnen umzugehen und uns an ihnen zu entfalten. Erwachsene reagieren in vieler Hinsicht wie Kinder: Was in unserem Erfahrungs- und Erkennungsbereich nicht enthalten ist, das wird entweder nicht wahrgenommen oder aber umgeprägt und in Zusammenhänge gebracht, die wir leichter verstehen und die uns nicht beunruhigen. Die Schwerpunkte in der Sicht der Wirklichkeit sind nun nicht nur bei jedem Menschen verschieden, sondern es gibt auch große Unterschiede bei der Erfassung fremder Kulturen und Epochen. Man kann um die Erde reisen, ohne gesehen zu haben, was es auf dieser Erde gibt. Einer Vielzahl von Menschen kann man begegnen, ohne je zu begreifen, was sie bewegt, was ihre Anliegen und ihre Motivationen sind. Mit sich selbst kann man ein Leben leben, ohne zu erfühlen, was das ist: mein Leben. Mit andern Worten: Es besteht die Gefahr, daß wir zu wenig von der Wirklichkeit, von der inneren wie von der äußeren, in uns aufnehmen. Wer um die Erde reist und nichts zu erfühlen vermag, könnte auch zu Hause bleiben, es sei denn, es geht ihm nur darum, Zeit totzuschlagen. Für die Wahrnehmung ist nicht entscheidend, daß man eine möglichst große Menge im Sinne der Zahl sieht. Realität wahrnehmen heißt sie auch verinnern. Wer die folgende Zeile eines Gedichts fühlen kann, muß nicht erst um die Erde reisen, um Welt zu haben. Die Zeile heißt ganz einfach:

»An den Hängen der Eisenbahn
leuchtet der Ginster so gut.«

Wer erfühlen kann, dem werden die Dinge zu eigen. Er wird reich an Weltteilhabe.

Da unsere psychischen Potenzen nicht unbegrenzt sind, ist es oft ganz wichtig, unser Maß zu finden in dem, was wir aufnehmen können. Die meisten Menschen bemerken nicht, wenn sie nicht mehr verinnern, sondern nur durch sich hindurchlassen. Die heutige Reiz- und Ereignisüberflutung fordert neue Schutzmechanismen und vor allem mehr Bewußtsein in dieser Hinsicht. In welcher Weise das Verfehlen und Verneinen der Realität uns hindert, das zu finden und zu leben, was unser oft verborgenes Anliegen ist, darüber sollen weitere Kapitel noch berichten.

Von der Schwierigkeit,
Wirklichkeit zu bestehen

Der Frühmensch und Menschen auf niedriger Entwicklungsstufe sind in ihrem Welterlebnis dadurch geprägt, daß sie weder die äußere Welt noch die Innenwelt auszuhalten vermögen. Beide Realitäten, die innere wie die äußere, konnten im Verlauf der Menschheitsentwicklung immer nur dosiert wahrgenommen, verarbeitet und integriert werden. Zunächst wurden jedoch Abwehrmechanismen entwickelt, die immer dann nötig werden, wenn das Ich bedroht ist, überflutet zu werden. Sie haben die Aufgabe, das vielfältig erlebnisfähige Lebewesen Mensch vor Vernichtung, und sei es auch nur vor partieller Ich-Einbuße, zu schützen. Dabei wurden zu allen Zeiten dieselben psychischen Abläufe eingesetzt, die wir auch heute noch bei uns selbst, in ganz ausgeprägter Weise jedoch beim Kind und beim neurotisch gestörten Menschen, beobachten können.

Projektion als Abwehrmechanismus

Ein wesentlicher Abwehrmechanismus der frühen Entwicklungsstufe ist die totale Projektion. Sie spielt auch beim heutigen Menschen noch eine viel größere Rolle, als wir uns eingestehen wollen. Was ich im eigenen Innern als Erlebnis und an damit verbundener Spannung, Unlust und Auseinandersetzung nicht bewältigen kann, wird in die Außenwelt hineinprojiziert. Mit meiner eigenen unterdrückten Aggression habe ich dann nichts mehr zu tun. Böse und gefährlich ist dann das Tier, von dem ich geträumt habe, weshalb es bekämpft werden muß. Dies hat den Vorteil, daß das Gefühl entsteht, das Lästige loszuhaben, zumindest es in eine gewisse Distanz gerückt zu erleben. Dieser Abstand von mir selbst ist spannungsmindernd und verringert somit meine Gefühle der Gefährdung und der Angst. Zum andern bietet die Verlegung in die Außenwelt die Möglichkeit, das Gefürchtete anzugehen, mit ihm auf der Ebene der Objektstufe zu kämpfen. Im Bereich der Subjektstufe, im eigenen Innern Probleme auszutragen ist ein Lernprozeß, den wir erst im Begriff sind zu üben. Das Gefährliche im sogenannten Sündenbock zu bekämpfen ist psychologisch ein bedeutsamer Vorgang. Das Abreagieren seelischer Spannungen durch Projektion war für die seelische Gesunderhaltung in frühen Kulturen außerordentlich wichtig. Dämonen in einem Tier oder in einem Baum zu bekämpfen bringt uns Heutigen aber keine Entlastung mehr. Unsere Projektionsmechanismen laufen in anderer Weise ab. Wir projizieren auf andere Menschen und auf Institutionen wie den Staat, die Kirche, die Gesellschaft, die Familie usw. Unsere heutige Kampfmethode ist weniger einfach und direkt, wobei man jedoch Mord und Totschlag auch heute nicht ausschließen kann.

Wie gefährlich und lebenszerstörend jedoch auch die Projektion lebensferner und unwirklicher Idealbilder auf die Umwelt ist, muß noch ausdrücklich gesagt werden. Die Sehnsucht des Menschen nach der Ganzheit und dem Ganzen ist das zentrale Anliegen, das sich in all seinen Entwicklungsstufen manifestiert. Dabei geht es nicht allein um das Weltverständnis, die Weltschau, was für uns von großer Wichtigkeit ist. Ganz sein heißt zugleich heil sein und hat damit eine ganz unmittelbare, jeden berührende Bedeutung, die mit umfassenden Lusterlebnissen verbunden ist. Die Angst vor dem Unheil, das über die äußere wie auch innere Welt auf uns zukommen kann, steht damit in direktem Zusammenhang. Die Teilhabe am Ganzen, am Heilen – der fromme Mensch würde sagen am Göttlichen – ist ein zentrales Anliegen des Menschen und spielt in seiner Lebensbewältigung eine bedeutsame Rolle auch dann, wenn es verdrängt wird. Damit verbunden ist die unbewußte oder auch bewußte Erfahrung, daß vieles nicht in ein Ganzes und Heiles integriert werden kann, ja sich dagegen wendet. Alles, was wider das Ganze und das Ganzsein ist, was ihm entfremdet ist, kann uns Gefahr bringen. Sich davor zu schützen, fordert der normale Menschenverstand ebenso wie der unbewußte Selbstschutz, der entsprechende Kräfte zu aktivieren vermag. Dieses Gefahrvolle wird häufig auch als das Böse bezeichnet, das eben darum böse ist, weil es zerstört, dissoziiert.

Der durch Projektionen motivierte Kampf gegen das, was uns als gefährlich und böse erscheint und Unbehagen sowie Unlust erzeugt, spielt darum in vielen Kulturkreisen eine große Rolle. Wo das Böse stark erlebt wird und Ängste auslöst, entsteht zugleich ein großes Verlangen nach dem Schutz des Guten. In solcher Weise vollzieht sich das Leben in der Dualität, in der sich die Gegensätze brutal bekämpfen und die Erkenntnis der Einheit der Lebensprozeße noch nicht verstanden werden kann. Die nächste Entwicklungsstufe ist die der Trinität. Sie bringt die Übersicht und eine Zusammenfassung im Symbol der Drei. Hier werden die Gegensätze nicht mehr als sich bekämpfende Abspaltungen erlebt, vielmehr als sich gegenseitig bedingende, differenzierende Ergänzungen, so daß in einer neuen Ganzheitsschau eine Einheit auf höherer Ebene erkennbar wird. Das Leben in der Dualität löst entsprechende psychische Dynamismen aus. Sie führt zur Schwarzweißmalerei und damit zu erbitterten Kämpfen. Psychologisch gesehen ist es die Stufe großer Ängste und Beunruhigungen durch Erlebnisse der Unsicherheit und Ungeborgenheit, der nicht auszuhaltenden Unlustspannung, die zu intensiven Projektionen führt. Es ist das Leben ohne Versöhnung und Weisheit, zu der immer das Wissen um das Ganze gehört.

Daß Reste dieser Stufe der Dualität mit all ihren Gefahren auch in uns selbst noch erhalten und ganz leicht zu aktivieren sind, müssen wir noch erkennen lernen. Auch hier handelt es sich um einen Schritt der Realitätswahrnehmung in Form von Selbsterkenntnis, die uns zunächst Desillusionierung bringt, bei vollzogener Klarsicht jedoch unsagbare Lebenserleichterungen und über das Sich-selbst-Begreifen auch ein hilfreiches Fremdverständnis ermöglicht.

Jeder Fortschritt in bezug auf die Realitätswahrnehmung und damit verbunden das Aushalten und Ertragen von Unlust bewahrt uns selbst vor Irrtümern und Fehlreaktionen mit all den damit verbundenen Verirrungen und Verwirrungen und deren weitläufigen Folgen. Dies bringt uns aber auch in den richtigen Bezug zu Mensch und Welt, das heißt, wir vermögen nun dem Mitmenschen gegenüber gerechter oder gar liebesfähiger zu werden und geraten ihm gegenüber weniger in Schuld. Wir haben damit den Anspruch auf uneingeschränkte Lust aufgegeben.

Die Sucht nach heiler Welt

Wer die Realität des Bösen, Abgewerteten, als gefährlich Empfundenen nicht auszuhalten vermag, erliegt meist einer Faszination des Gegenteils, das heißt, er findet auch dem Guten gegenüber keinen realitätsgerechten Bezug. Unter Faszination verstehen wir einen gewissen Grad der Verzauberung, der man unterliegt, weil eine Verblendung damit verbunden ist. In diesem Begriff ist schon vom Wort her enthalten, daß man in solchem Zustand nicht normal wahrnehmungsfähig ist. Eine Faszination durch das Gute, Schöne, Reine, Vollkommene und Heile gehört auch zu vielen Menschen unseres Kulturkreises. Zweifellos ist der normal erlebende, gesunde Mensch für solche Werte nicht nur ansprechbar, sondern darüber hinaus auch davon ergriffen.

Sofern jedoch Verblendung hinzukommt, das heißt, die Ausblendung der Realität, setzt psychologisch gesehen ein gefährlicher Prozeß ein. Dann wird jede andere, nicht zur Idee passende Wirklichkeit verleugnet und beiseite geschoben. Wir Psychologen würden sagen verdrängt. Darüber hinaus entsteht eine Gier danach, sich die von den Idealen des Vollkommenen erwarteten Lust- und Glückserlebnisse zu verschaffen. Solche Fanatiker sind für ihre Umwelt schwer zu ertragen. Im Grunde leiden sie daran, Realitäten nicht aushalten und nicht richtig beantworten zu können.

Wie schwierig es ist, auf die Lust der unrealistischen Sicht zu verzichten, wie stark in uns allen die Sehnsucht und das Verlangen nach einer heilen Welt ist, läßt sich an vielen psychologischen Abläufen beobachten. Nur wenige Erwachsene sind zum Beispiel in der Lage, Vater oder Mutter oder überhaupt ihre ganze Sippe aus distanzierter Sicht mit all dem dazu gehörenden Negativen, den Schwächen, Fehlern, Irrtümern, Infantilismen oder auch schwerwiegenderen Mängeln zu sehen. Mit Recht trauen wir unserer Liebesfähigkeit nicht viel zu. Unsere Projektionsbedürfnisse und die infantile Lust der damit verbundenen Befriedigungen stehen ihr im Wege. Realität fordert mehr von uns. Sie ist aber nicht zu ertragen, wenn man unter totalitären Vorzeichen lebt, wenn man also unter dem Zwang steht, zu idealisieren und nur das Vollkommene gelten zu lassen. Wenn ich von der Lust nach heiler Welt beherrscht bin, suche ich mittels der Projektion Scheinbefriedigungen durch scheinbare Teilhabe. Im moralischen Bereich sind es Über-Ich-Zwänge, die zu solchen Haltungen führen. Die Überforderungen im eigenen Innern, die zu hohen Ansprüche und Zielsetzungen, werden zunächst über Projektionen agiert. Ich selbst erlebe mich dann über die Identifikation gestärkt. Darum muß meine Mutter, mein Vater oder mein Bruder, meine Schwester oder Freundin – alle müssen ganz in Ordnung oder gar vollkommen sein. Wer daran zweifelt, ist mein Feind, will mir übel. Darum will ich dies auch selbst nicht in Frage stellen. Wer an diesen Projektionswünschen rüttelt und zur Wahrnehmung von Wirklichkeit hinführen will, bekommt größte affektive Abwehr zu spüren. Wer die von mir selbst vollzogene Vervollkommnung der Welt – sei es nun mein Fußballverein, mein Tennisclub oder mein Auto – in Frage stellt, der versteht mich nicht, den muß ich meiden. So lautet die einfachste Abwehr. Häufig setzt darüber hinaus auch blinde Aggression ein. Damit wird das Unbehagen der

Desillusionierung abgewehrt. Ich verleugne Realität, weil sie mir Lustverzicht auferlegt.

Eine erst in letzter Zeit in Amerika durchgeführte Untersuchung, bei der die Töchter und Söhne über das von ihnen vermutete Sexualverhalten ihrer Eltern befragt wurden, brachte erstaunliche Ergebnisse. Die Vorstellungen der jungen Leute gingen dahin, daß Eltern schon ab der Lebensmitte ohne Sexualität leben. Den Eltern werden kaum Abweichungen vom eingeengten Sexualverhalten zugetraut, und auch keine Seitensprünge. Solche Aussagen sind bedeutsam, weil sie zeigen, daß diese junge Generation, die sich sexuell befreit fühlt, die Eltern doch ohne Sexualität sehen will. Daraus ist zu schließen, daß unbewußt die Sexualität noch nicht integriert ist und im Lebenszusammenhang noch nicht überall ganz selbstverständlich mitgesehen oder mitgedacht werden kann. Während die Eltern bisher häufig die Sexualität bei ihren Kindern und Jugendlichen verneinten und sich dieser Möglichkeit verschlossen, vollzieht sich bei der sexuell als aufgeklärt bezeichneten Jugend ein ähnliches Geschehen den Eltern gegenüber, indem sie ihnen die Sexualität mehr oder weniger abspricht. Dies hängt jedoch nicht allein mit der psychisch noch teilweise desintegrierten Sexualität zusammen, sondern auch mit dem Wunsch, die Eltern nicht im eigenen menschlichen, allzu menschlichen Bereich zu sehen. Wie schwer es den meisten Menschen fällt, von der Kindheitsprojektion der Elternbilder abzurücken und ganz schlicht Wahrheit zu sehen, erleben wir in hohem Maße in der psychoanalytischen Praxis. Je mehr Verdrängung notwendig wurde, desto größer die Angst vor Wahrheit und Entlarvung; je intensiver das Erlebnis von Schuldgefühlen bei einer Ablösung, um so glorifizierter wird danach alles gesehen: Die ganze Kindheit erscheint als ein Paradies, die Elterngestalten werden Halbgötter. Wie schwer es den meisten fällt, von ihren Eltern unerfreuliche Tatsachen zu berichten, dies ist nur wenigen bewußt. Meist werden sogleich entsprechende Entschuldigungsversuche hinzugefügt. Das eigene Leiden unter solchen Tatsachen und die gesunde affektive Reaktion darauf, der eigene subjektive Standpunkt, wird nicht zu formulieren gewagt. Erst dann, wenn die Therapie so weit fortgeschritten ist, daß eine Ich-Stärkung erreicht wurde, die immer notwendig ist, um Realität ertragen und sich Wirklichkeit aus dem eigenen Leben eingestehen zu können, kann auch Negatives über die Eltern ausgesprochen werden. Es besteht oft die Vorstellung, daß die Formulierung von Tatsachen aus dem Elternhaus auch schon einer Verurteilung und Beschuldigung gleichkommt. Selbst wenn ich mir erklären kann, warum Vater oder Mutter so oder so waren, warum dieses und jenes so negativ ablief, muß ich doch lernen, meine ganz persönlichen Erlebnisse in diesem Zusammenhang, meine eigenen Gefühle und Verletzungen durch solche Tatsachen zu sehen und zu äußern. Tatsachen feststellen heißt noch lange nicht schuldig sprechen. Ich kann den andern noch so gut verstehen, ihm sogar verzeihen, jedoch ändert dies nichts an dem, was er in mir zunächst ausgelöst, womit er mich belastet oder mein Leben eingeschränkt hat.

Aus solcher Klarsicht heraus beginnt der Abbau von zwanghaften Über-Ich-Funktionen, die immer eine Negation unserer menschlichen wie auch unserer primitiven Seite erzwingen. Der nach C. G. Jung arbeitende Analytiker würde sagen: Der Schatten muß angenommen werden; das bedeutet Verinnerlichung all der Bereiche und Funktionen der Wirklichkeit in mir selbst wie auch in der Außenwelt, die bisher im Schatten lagen, also nicht im Licht meines Bewußtseins. Sie konnten von mir darum nicht bewußt angenommen und erkannt werden, waren mehr oder weniger verdrängt. Manche Analysen oder psychotherapeutische Krankenbehandlungen kommen darum nicht zustande oder werden abgebrochen, weil die Schwellenangst nicht ausgehalten werden kann. Sie tritt immer ein, wenn eine Bewußtseinserweiterung gefordert ist und man über die Schwelle einer nächsten Entwicklungsstufe zu gehen hat. Träume zeigen solche Geburtsängste oder auch Geburtsverweigerungen deutlich an. »Ich befinde mich im Traum in einem dunklen Raum, der wie ein Untergeschoß anmutet. Um ins Freie zu gelangen, gibt es nur den Weg, durch ein kleines Fenster zu schlüpfen. Darum suche ich nach Gegenständen, auf die ich steigen kann, um das kleine Fenster zu erreichen. Plötzlich überfällt mich fürchterliche Angst, und ich wache auf.« Ein anderer Traum: »Ich sehe vor mir einen langen, dunklen, engen Gang, an dessen Ende und Ausgang ein wenig Helligkeit zu sehen ist. Man muß gebückt durchgehen und streckenweise fast kriechen. Es ist mühsam. Ich weiß im Traum ganz genau, daß ich hindurch muß, habe aber große Angst davor. Ich überlege mir lange, ob ich wohl hindurchgehe.« Die Helligkeit und das Licht symbolisieren Bewußtheit und Erkennen. Im Licht kann man die Dinge übersehen und wahrnehmen, im Dunkel nicht. Dunkelheit und dunkles Untergeschoß, beides Bereiche jenseits der Sphäre, in der wir normalerweise wohnen und leben, symbolisieren Unbewußtheit. Solche Mitteilungen aus der psychischen und meist auch unbewußten Situation des Analysanden sind darum wichtig, weil sie dem Therapeuten die Angst des Träumers mitteilen und auch seine Stellungnahme dazu. Diese Signale verhelfen dem Analytiker zum besseren Situationsverständnis in der Analyse und ermöglichen entsprechend behutsames Arbeiten und Vorgehen. Es kommt auch vor, daß die Traumaussage im Gegensatz steht zum bewußten Verhalten und zu den Äußerungen des Patienten, unter Umständen auch zu seinem bewußten Wollen. Darum ist auch für den Analysanden die Mitteilung aus dem Unbewußten von Bedeutung, damit er weiß, daß etwas in ihm unter starker Angst steht, ein Teil in ihm noch nicht die Veränderung wollen kann.

Die Fixierung im Bereich leiblicher und rein sinnenhafter Lust ist dem Menschen schon früh zum Problem geworden. Die Gefährdung des von seinen Trieben beherrschten und damit unfreien Menschen wird in allen Religionen angesprochen und als das erkannt, was abhält von einer Entwicklung zu reifer Menschlichkeit. Die Angst vor der Macht des Triebes und der damit verbundenen Dominanz der Leiblichkeit hängt damit zusammen. In der Umgangssprache gibt es genügend Worte, die den Genüßling, den an leibliche Lust Fixierten, kennzeichnen. Sie enthalten immer eindeutige Abwertungen, jedoch nicht weil Sinnenhaftigkeit zu verpönen ist, sondern weil wir gierig werden, wenn uns andere Möglichkeiten von Lusterlebnissen und Glücksgefühl nicht zuteil werden und auf uns keine Anziehungskraft ausüben. Der von seiner Sinnenhaftigkeit besetzte Mensch ist im allgemeinen verkümmert oder unterentwickelt im emotionalen Bereich und kennt darum keine eigentlichen Werterlebnisse. Dies bedeutet immer Undifferenziertheit, auch dann, wenn man im Denken geschult ist und eine Menge weiß. Man kann viel Wissen mit der Ratio aufnehmen, ohne dabei durch inneres Betroffensein zu reifen. Das ist der Unterschied zwischen Wissen und Weisheit.

Die Flucht in die Lustsuche ist eine Fixierung oder auch Regression. Extreme Genüßlichkeit, die unbewußt als Überkompensation agiert wird, gibt es aber auch in anderer Weise. Hier ist an die Ästheten zu denken, die an allem und in jeder Situation das zu genießen suchen, was ihnen schön dünkt und dadurch Wohlbehagen auslöst. Zweifellos ist das Schöne, Vollendete etwas, das uns beglücken kann und uns anspricht in seiner Abgerundetheit und Vollkommenheit. Solche Lusterlebnisse sind ebensowenig abzuwerten wie ein gutes Mahl oder ein edler Trunk. Ästheten nehmen das Schöne in all seinen Erscheinungsformen wahr, zum Beispiel in der Natur oder in der Kunst. Dabei wird das Schöne jenseits von Zweckmäßigkeit und Nützlichkeit erlebt und löst im Betrachter Wohlgefallen aus. Der Ästhet vertritt eine Lebenshaltung, die den Gipfel des Lusterlebens im Wahrnehmen des Schönen, Harmonischen und Vollkommenen sieht. Seine Umwelt wird nach diesen Maßstäben bewertet. Dies führt bei vielen Ästheten zu einer Überbewertung dieses Bereichs und zur Abwertung alles anderen in der Welt. Damit können sie sich leicht auf vermeintlich hoher Ebene in eine selektive Weltschau flüchten, die eine heile Welt schafft und die Auseinandersetzung mit dem Nicht-Schönen ausschließt. Ästhetisches Erleben wird dann zur Überkompensation und zum eingeengten Welterleben. Die Kunst dringt aber in ihrem Wahrnehmen und Verstehen über das Formale und Harmonische hinaus vor zum Wesenhaften, zu den Gestaltungen und Kräften, die Leben und Sein schaffen, wobei dann die formale und ästhetische Betrachtung nur noch oberflächlich erscheint. Die Plastik von Rodin, die eine alte, vom Elend gezeichnete Frau darstellt, ist nicht schön im ästhetischen Sinne und der »Mann mit gebrochener Nase« ebensowenig. Beide Plastiken können wir nicht ästhetisch genießen, vielmehr rühren sie uns viel tiefer an und konfrontieren uns mit jener Seite des Daseins, die uns nicht Lust und Wohlbehagen, sondern Ergriffensein vom Leiden bringt. Damit ist die heile Welt des Nur-Schönen oder Nur-Harmonischen durchbrochen. Alle großen Ereignisse im Menschenleben sind jenseits der Ästhetik: wenn ein Mensch geboren wird, wenn er sich liebend vereint, wenn er stirbt.

Neben dem genüßlichen Verweilenwollen im Schönen und Vollendeten gibt es auch das Schwelgen in Bildung und Wissen; auch darin zeigt sich kompensatorische Lustsuche. Dabei ist in jedem Einzelfall verschieden, was kompensiert oder überkompensiert werden muß, wovor man flieht, wovor man sich fürchtet, was es ist, dem man sich nicht zu stellen und dem man nicht in Begegnung sowie Auseinandersetzung gegenüberzutreten wagt. Ich kenne Menschen, die sich in Musik flüchten, andere in Literatur oder in Philosophie. In dem genüßlichen Zelebrieren der Macht des Wissens kann man ebenso schwelgen wie in unechten religiösen Gefühlen. Was sind die Kriterien, die uns unterscheiden lassen zwischen tiefem und weitreichendem Erlebnis und lüstlinghaftem Genießertum? Die Erlebensmöglichkeiten über Musik, Literatur, bildende Kunst, die Begegnung mit der Natur und dem Schönen können und sollen ja zum Ausgleich und Balancefinden helfen. Das soll ausdrücklich gesagt sein. Weil wir dabei Lust oder gar Freude und Glückserlebnisse finden, darum suchen wir solche Erlebnisse. Schwelgerei und Überkompensation erkennt man an Übertreibungen und vor allem an der Ausschließlichkeit, mit der man sich seine lustvolle Welt zusammenbaut. Die Negation anderer wesentlicher Lebensgebiete ist damit fast immer verbunden. Die Schwelger flüchten im Grunde vor dem Leben, zumindest aber vor Teilbereichen, mit denen sie sich nicht befassen wollen oder zu befassen trauen. Hinzu kommen ein infantiles Bedürfnis nach Lustbefriedigung und eine geringe Belastbarkeit durch das, was nicht ausgesprochen Lust bereitet oder gar ängstigt. In den hier angesprochenen Ebenen läßt sich heute leicht überkompensieren, weil dies mit dem besten Gewissen getan werden kann. Diese Menschen erleben sich nicht in ihrer Problematik, sondern als diejenigen, die eben mehr wissen, mehr wahrnehmen, mehr verstehen als die andern. Sie fühlen sich überlegen, auch wenn sie ihre Überheblichkeit meist klug zu tarnen verstehen. Sie sagen nicht: »Ich kann mich mit den Menschen nur befassen, wenn sie auf meiner Lustebene mitschwingen können«, sondern: »Was soll ich mit diesen Leuten zusammensitzen und über Banalitäten reden?« Ihr eigenes Unvermögen wird immer perspektivisch verzerrt. Sie sehen das übergroß, was ihnen wichtig ist und eigentlich vielen anderen Größen entspricht, und sehen alles klein, womit sie nicht in unmittelbarem Bezug stehen.

Die Bildungsschwelger sind im allgemeinen feinfühlig und differenziert in ihrem geliebten und bevorzugten Spezialgebiet. Sie sind jedoch oft primitiv und ohne Sensibilität, wenn es um etwas geht, was außerhalb ihrer lustbesetzten Zone liegt. Oft neigen sie zu einem gewissen Autismus, den sie allerdings mit Gleichgesinnten zu teilen pflegen, was ihr elitäres Bewußtsein noch verstärkt.

Wirklichkeitsferne und Fehlentwicklung

Inwiefern Projektionen der Idealisierung und Wirklichkeitsferne nicht nur Entwicklung und Erwachsenwerden und damit Lebensbewältigung behindern, sondern auch Gefährdung bis hin zur Erkrankung bringen können, sollen einige kurz skizzierte Beispiele andeuten.

Herr M. hatte von seinen Eltern, seiner Kindheit und auch von seinen religiösen Bindungen her ganz klare, feststehende Vorstellungen von einer Ehe. Eine Scheidung kam für ihn nicht einmal in Gedanken in Frage, auch keine Trennung. Er hatte eine psychisch sehr gestörte Partnerin, die in dem absoluten Bemühen ihres Partners um die idealisierten Zielvorstellungen ehelicher Gemeinsamkeit die Gewähr sah, daß sie gegenüber ihrem Mann all ihre ungezügelten und hysterischen Affektausbrüche, ihre Quälereien, ihre Freude am Streiten und an bühnenreifen Inszenierungen ungehindert ausagieren konnte. Ihre eigene unbewußte Wahrnehmung gab ihr hierzu die Sicherheit, denn sie erlebte nie konsequente und folgenschwere Gegenreaktionen. Ihr Mann konnte ihrer krankhaften Lust an neurotischen Abläufen nichts entgegensetzen, weil er in den projektiven Bildern von seiner Frau und in seiner Vorstellung von der Ehe in keinem Punkt die Wirklichkeit dieser Lebenssituation seiner Familie durchschaute. Er bagatellisierte alles und betrachtete das Normale und Positive an seiner Frau als überdimensioniert, gewissermaßen als Kompensation für die allzu dominanten Negativismen. Nur so vermochte er seine unüberschaubare Wirklichkeit wie ein Blinder zu umgehen. Dabei drang dem klugen und in menschlichen Bereichen sonst sehr differenzierten Mann auch nicht ins Bewußtsein, daß seine beiden Kinder an Verhaltensstörungen litten und durch die unheilvolle Familiensituation gequält und in ihrer Entfaltung stark beeinträchtigt waren. Er sah in seinem eigenen Lebensbereich weder seine eigene Wirklichkeit noch die seiner Frau, noch die seiner Kinder. Seine Weigerung, Wirklichkeit wahrzunehmen, war zugleich auch die Weigerung, kindliche Idealvorstellungen und die damit verbundene Lust aufzugeben und bewußter leben zu lernen. Er ahnte ganz zu Recht, daß der zunächst zu leistende Lustverzicht, der immer im Entidealisieren enthalten ist, nicht sofort abgelöst werden kann von ebenso stärkenden Lusterlebnissen an der neuen Daseinsform. Es gibt dazwischen immer eine mehr oder weniger lange Durststrecke, die ausgehalten werden muß ohne Kompensation. Die Lebensfreuden und Lebenslust verstärkenden Erlebnisse in der bewußteren Lebensstufe entwickeln sich erst allmählich, parallel zum persönlichen Wachstum. Selbstfindung und die Fähigkeit, Leben in seiner stets unfaßbaren und nie total zu bewältigenden Wirklichkeit bestehen zu können, bedeutet immer auch Beglückung und Lebenslust auf dieser Ebene.

Als bei Herrn M. dann noch berufliche Belastungen zu seiner familiären Situation hinzukamen, aktivierten sich seine gesunden Kräfte aus Selbsterhaltung. Im Grunde war es ein schöpferischer Akt, als sein Unbewußtes Symptome produzierte. Zunächst bekam er Ängste beim Autofahren. Hinzu kamen Schlafstörungen sowie zunehmende vegetative Dystonien. Auf diese Weise kam er zur analytischen Behandlung, zumal er einen in dieser Hinsicht gut ausgebildeten Arzt hatte, der die Zusammenhänge zwischen Krankheit und Psyche rasch erkannte. Wer um die Sprache der Symptome weiß, kann schnell viel erkennen. Die Störung beim Autofahren drückte aus, daß Herr M. mit sich selbst nicht mehr zurechtkam und das Vertrauen wie auch die Sicherheit zu seiner Fahrweise verloren hatte. Das Auto als Personenkraftwagen symbolisiert häufig die eigene Persönlichkeit. Bei der Fahrt in meinem Auto muß ich steuern, muß den Antrieb durch Gasgeben regulieren und muß die Bremse beherrschen. Der Patient erkannte von seinem bewußten Denken her nicht die Gefährlichkeit seiner Situation, wohl aber von seinem Unbewußten her. Die Schlafstörung drückte als nächste Signalisierung die Kluft zwischen seinem bewußten und unbewußten Erkennen aus. Die Kooperation zwischen Bewußtem und Unbewußtem war gestört. Das Zusammenspiel der regulierenden Möglichkeiten funktionierte nicht mehr. Dies schlug sich dann auch in den verschiedenen Störungen im vegetativen Bereich nieder.

Der Patient hatte einen mühsamen Weg zurückzulegen, bis er die Überforderung im eigenen Innern, seine Über-Ich-Tyrannei, einerseits und zum andern seine Fixierungen an Kindheitswünsche und -normen und den damit verbundenen Lustgewinn erkannte und aufzugeben lernte. Er mußte sein vermeintliches Gut-Sein, das für ihn von großer Wichtigkeit war, durchdenken lernen. Seine Selbstaufgabe war keine Nächstenliebe und keine konstruktive Leistung, sondern neurotisch geprägte Schwäche. Herr M. wollte ganz einfach diese seine Frau in ihrer Gestörtheit nicht wahrhaben. Es bedeutete für ihn zuviel an narzißtischer Kränkung, sich in solchem Maße getäuscht zu haben. Die Not seiner Familie wollte er nicht sehen, ebensowenig wie er sich seine eigene infantile Wunsch-Welt-Haltung und seine Insuffizienz gegenüber der Realität eingestehen wollte. Erst als er dieses ganze Elend in seinem vollen Ausmaß und in der dazugehörenden Konsequenz nicht nur rational, sondern auch emotional aufnehmen konnte, veränderte sich vieles in ihm. Durch seine eigene Wandlung fand er zu neuen Einstellungen und Reaktionen. Dann erst vermochte er die jeweiligen Schwierigkeiten und Situationen realitätsgerecht zu beantworten. Er ließ sich vor andern oder auch vor seinen Kindern nicht mehr von seiner Frau abwerten oder lächerlich machen. Schließlich sah er auch, was seinen Kindern fehlte, und wurde dadurch zum Handeln aktiviert. Erst als er zur äußersten Konsequenz und zur totalen Aufgabe seiner früher geradezu zwanghaften Idealvorstellungen bereit war – nämlich sich von seiner Frau zu trennen –, war diese von sich aus bereit, sich in eine analytische Behandlung zu begeben. Sie war durch ihren Partner bisher in ihrer Neurose und Fehlhaltung gegenüber andern Menschen durch seine hinnehmende und schonende Haltung gestärkt, und ihre unkontrollierten Agitationen waren verstärkt worden durch die Umwelt, die keine Regulative von außen gesetzt hatte. Durch falsch verstandene Nächstenliebe und aus Schwäche geborene Toleranz wird man zum Ko-Neurotiker. Das bedeutet, daß man den gestörten Menschen nicht nur nicht eingrenzt in seinem Wirkungsbereich, sondern ihn auch keiner Heilung zuführt. Wer mit seiner Gestörtheit gut durchkommt und erreicht, was er will, wird dadurch in seiner Fehlentwicklung verstärkt und von heilenden Hilfsmaßnahmen abgehalten. Wenn sich der Partner mit einem schwer gestörten Menschen allzugut arrangieren kann, handelt es sich häufig um eine Neurose zu zweien, wobei der eine in seinem Verhalten kompensatorisch wirkt zum Verhalten des andern. Der Masochist pflegt den Sadismus des Sadisten, während man auch umgekehrt sagen kann, daß der Sadist den Masochismus des Masochisten pflegt. Der tiefreichende Zusammenhang zwischen Umwelt und Fehlverhalten ist noch viel zuwenig erforscht. Der neue Wirklichkeitsbezug bewirkte in seinem sozialen Feld eine Menge an Veränderungen. Dabei ging es nicht allein um die Ablehnung des bisher blind Tolerierten, sondern darüber hinaus auch um neue, konstruktive Handlungen.

Was jedoch in solch analytischer Arbeit an psychischen Prozessen zu vollziehen war, was an Verdrängtem aufgedeckt, an Abgewehrtem angenommen werden mußte, wieviel kindliche Fixierungen, archetypische Faszination, verborgenes Strafbedürfnis zu bearbeiten waren, kann sich der Uneingeweihte kaum vorstellen. Voraussetzung für die Annahme der Wirklichkeit ist immer eine parallel verlaufende, wachsende Ich-Stärkung im Sinne einer Identitätsfindung. Dabei spielen eine große Rolle wiederholte Erfahrungen eigener positiver Kräfte und die damit verbundene Lust zu leben, die sich meist zuerst in den Träumen ankünden und konstellieren. Wer zu seiner eigenen Wirklichkeit stehen lernt, vermag proportional hierzu auch die Wirklichkeit der anderen zu verkraften und realitätsgerecht zu beantworten. Dies bedeutet nicht allein Zuwachs an Lebensfreude, sondern auch Schutz vor permanenter Enttäuschung.

Eine Patientin hatte als Kind von beiden Eltern viele Ungerechtigkeiten und Härten zu erleiden gehabt. Sie war als Älteste an allem schuld: Wenn der kleine Bruder weinte, hatte sie ihm etwas angetan oder ihm einen Wunsch nicht erfüllt. Wenn die jüngere Schwester mit nassem Höschen ankam, hatte die Älteste nicht auf die Kleine aufgepaßt. Die Patientin wurde oft beschimpft, seltener geschlagen, aber moralisch stark belastet. Ihr Kinderschicksal war hart. Trotz all dieser negativen Erlebnisse lebte sie von klein auf über die normalerweise zur Ablösungsphase werdende Pubertät hinweg bis ins Erwachsenenalter hinein in einer großen Abhängigkeit von den Eltern. Immer hatte sie diese glorifiziert und war über die kleinkindhafte Bewunderung der Stärkeren und die damit verbundenen Allmachtsvorstellungen von den andern nicht hinausgekommen. Ihre Verweigerung der Realitätssicht hatte schwere Folgen. Nie wagte sie affektive Reaktionen der Wut, des Zorns, der Abwehr. Nicht einmal Zeichen des Verletzt- oder Gekränktseins konnte sie äußern, denn sie fürchtete sich stets vor der Reaktion der andern, das heißt vor einer eventuellen Kritik oder Ablehnung. Darum war sie stets Wunscherfüller für die andern. Menschen, die in solcher Erwartungsanpassung leben, nehmen Rücksicht auf lediglich vermutete Erwartungen der andern, ohne zu prüfen, ob diese Vorstellungen überhaupt beim andern Menschen existieren. All ihre verdrängten affektiven Reaktionen bildeten bei dieser Patientin einen gewaltigen psychischen Stau, der sie zunehmend in der Selbstentfaltung und Lebensbewältigung lähmte. Sie wurde verträumt und lahm und bekam Arbeitsstörungen. Schließlich richteten sich die angesammelten Aggressionen gegen sie selbst und führten zu depressiven Verstimmungen. Sie wurde von Schuldgefühlen geängstigt in Zusammenhängen, bei denen ein gesunder Mensch keine Skrupel empfindet.

Dabei ahnte sie nicht, daß sie tatsächlich schuldig geworden war, jedoch in ganz anderer Weise, als sie vordergründig fühlte. Zweifellos war sie dem Leben und speziell ihrem eigenen Leben einiges schuldig geblieben. Als später ihr Verlobter durch einen Autounfall ums Leben gekommen war, verweigerte sie auch hier die Annahme der Wirklichkeit. Er war für sie weiterhin in einer Scheinwelt vorhanden. Sie sprach mit ihm, wenn sie allein war, führte Tagebuch für ihn. Er mußte ihre Entscheidungen treffen. Wie in ihrer Kindheit wollte sie sich an den andern, den sie sich groß und stark vorstellte, anschließen, wollte über die Identität mit ihm leben, ohne selbst in die eigene Erwachsenen-Wirklichkeit hineinzuwachsen. Sie blieb in der Faszination der Elternimagines, fern jeder Realität und der Begegnung mit dem tatsächlichen Menschen. Das infantile Lustverlangen nach harmonischem, ungestörtem und intaktem Leben ging bis in den banalen Alltag hinein und so weit, daß sie über zwei Jahre lang nicht bemerkte, daß ihre Putzfrau sie bestahl, daß man ihr im Gasthaus falsche Preise berechnete, daß ihr Chef sie wegen ihrer Unfähigkeit, sich zu wehren und selbst Grenzen zu setzen, schlichtweg ausnützte. Dies bemerkten immer nur die andern. Sie selbst fiel aus allen Wolken, wenn andere ihr ihre kindliche Ignoranz ins Bewußtsein drängen wollten. Ihre Grundeinstellung wurde dadurch aber nicht verändert. Sie blieb bei ihrem übermäßigen infantilen Lustverlangen und auf der Flucht in eine Scheinwelt.

In der Therapie projizierte sie ihre Vollkommenheitsvorstellungen zunächst auf den Therapeuten. Er wurde zum Übermenschen hochstilisiert. Der Weg in die Wirklichkeit war nicht einfach, zumal das Ausmaß der Realitätsverweigerung sehr groß war, die damit verbundene infantile Fixierung entsprechend intensiv und der dabei erlebte Lustgewinn nicht minder. Auch in diesem Fall wurde die Krankheit zum kreativen Akt und zur Lebenswende. Diese Patientin hätte die Therapie abgebrochen, wenn von seiten des Therapeuten nur ihre infantilen Reaktionen und Fixierungen bewußt gemacht worden wären. Das Maß der jeweils zu verkraftenden Wirklichkeitsbegegnung muß vom Analytiker ertastet und entsprechend dosiert werden. Wenn parallel dazu nicht auch aufbauende psychische Arbeit geleistet und die Ich-Kräfte gestärkt werden, ist ein solcher Mensch nicht in der Lage, seine Problematik aufzuarbeiten und den vorläufigen Lustentzug zu ertragen. Auch hier helfen die Träume: »Ich bin unterwegs in einer Wüste und vermute, daß ich immer in großen Kreisen gegangen bin und auf diese Weise nicht aus dieser Öde herausfinden kann. Ich habe viel Gepäck auf dem Rücken und bin völlig erschöpft. Plötzlich sehe ich in der Ferne eine frühere Kollegin von mir. Sie hat nichts zu tragen und geht ganz unbeschwert und fröhlich. Ich versuche in ihrer Richtung zu gehen und habe plötzlich die Gewißheit, daß dies der richtige Weg ist.« Die Situation, in der Wüste und Einöde zu sein, mit schwerem Gepäck beladen sich dahinschleppend, ohne Orientierung im Kreis zu gehen, also auf der Stelle zu treten, all dies kennzeichnet die vom Unbewußten erkannte tatsächliche Situation der Patientin. Zu der Kollegin fiel der Patientin ein, daß sie ein Mensch ist, der weiß, was er will, der mit dem, was der Tag bringt, ganz gut zurechtkommt. Diese Traumaussage ist so zu deuten, daß das Ich der Träumerin zwar in einer fatalen Situation lebt, jedoch nun Persönlichkeitsteile und Potenzen wahrgenommen werden sollen, die auch zu der Patientin gehören, jedoch noch ganz ich-fern sind. Es ist aber gut, diese andern Möglichkeiten in sich wahrzunehmen und sich nach ihnen auszurichten. Darum entsteht auch das befriedigende Gefühl, daß es doch einen Ausweg aus solch öder Situation gibt. Das Erlebnis, nicht nur infantil, mit Ballast beladen und lebensunfähig zu sein, sondern in sich auch bisher ungeahnte und nicht erkannte Möglichkeiten wahrzunehmen, von seinem eigenen Innern darauf hingewiesen zu werden, ist notwendig, um nicht aus Scham vor sich selbst neue Abwehrmechanismen aufzubauen.

Eine vierzigjährige Frau hatte eine sehr innige außerehliche Beziehung mit einem in Teilbereichen frühreifen Zwanzigjährigen. Da sie in ihrer Ehe jahrelang in vieler Hinsicht gedarbt hatte, erlebte sie die Begegnung mit diesem jungen Menschen als Erfüllung vieler bisher versagter Wünsche. Als der junge Mann nach zwei Jahren soweit war, daß er Lust hatte, mit seinen Kolleginnen tanzen zu gehen, das Bedürfnis empfand, an einem Abend in der Woche allein zu sein oder auch mit Gleichaltrigen Veranstaltungen zu besuchen, reagierte die ältere Geliebte mit Panik und verfiel in eine krankhafte Apathie. Sie gab vor, körperlich krank zu sein, war es aber nicht. Auf diese Weise rationalisierte sie vor den andern die Tatsache, daß sie nicht mehr aufstand und ihren Pflichten und Aufgaben nicht mehr nachkommen wollte. Sie zog sich zurück ins säuglinghafte, aufgaben- und pflichtenlose Dasein, ließ sich von den andern versorgen und pflegen. Ihre Träume zeigten die psychische Situation in der ihnen eigenen Ausdrucksweise und Bildsprache. Sie träumte von einer toten Schlange, die sie im Gestrüpp findet. Jemand sagt im Traum, sie solle diese tote Schlange ins Meer bringen. Die Träumerin hat das Gefühl, daß dies richtig wäre. Sie fürchtet sich aber vor dem weiten Weg und gibt vor, nicht zu wissen, wo das Meer ist. Die Schlange ist eines der vielfältigsten Symbole, in dem sich viele archetypische Bilder überschneiden. Hier war sie Symbol der Wandlung. Dies ging aus den Assoziationen der Patientin hervor. Ihre Fähigkeit zur Verwandlung von Libido, ihre Entwicklungsfähigkeit, war schwer gestört. Das Meer ist Symbol für das Unbewußte und für die Potenz, aus der sich Leben realisiert. Die Vorstellung, daß alles Leben aus dem Wasser stammt, wurde schon in der griechischen Philosophie formuliert und von der modernen Naturwissenschaft bestätigt. Wer in sich selbst die Schlange getötet hat, vermag nicht nur sich selbst nicht zu verändern, die eigenen psychischen Kräfte nicht in Bewegung zu bringen, ihm fehlt auch die Fähigkeit, das Gesetz der Veränderung und des ewigen Werdens in der

Welt und auch beim andern Menschen wahrzunehmen und zu akzeptieren. Was wir in uns selbst nicht realisiert und entwickelt haben, vermögen wir auch in der Außenwelt nicht zu sehen. Sofern es sich uns jedoch in irgendeiner Lebenssituation aufdrängt und uns zur Stellungnahme zwingt, wird es, wenn die Leugnung allein nicht mehr ausreicht, bekämpft. Zweifellos war in der Reaktion der gekränkten Frau eine verborgene Kampfansage an den jugendlichen Liebhaber enthalten. Er sollte durch das Kranksein an ihr Bett gefesselt werden, sollte Schuldgefühle erleben, wenn er sich verselbständigen und aus der allzu engen Beziehung etwas lösen wollte. Zugleich sollte der von ihr erneut geforderte kleine Lustverzicht ausgeglichen werden durch viel Fürsorglichkeit von allen Seiten.

Der Lustgewinn durch Symptome ist bei einer Krankheit jedoch immer von sekundärer Bedeutung. Die finale Ausrichtung kann erst erfolgen, wenn eine grundsätzliche Verhaltensweise, die meist unbewußt ist, die Basis abgibt. In diesem Beispiel hier war der durch die Krankheit gesuchte kleine Ausgleich durch sekundären Lustgewinn recht zweitrangig im gesamten Geschehensablauf. Die Weigerung, Realität anzunehmen, war das Ausschlaggebende und ihre Annahme für die Heilung entscheidend. Die Reaktion der Patientin während der Therapie könnte kurz zusammengefaßt werden in dem Satz: »Wenn mir meine Lust und Freude verringert wird, will ich nicht mehr am Leben teilhaben. Bei Minderung meines Glücks weigere ich mich, weiterhin mitzumachen.« Ich fühlte mich an den Ausspruch eines kleinen Jungen erinnert, der in einer schwierigen Situation lebte und einmal zu seinem Therapeuten sagte: »Wenn ich gewußt hätte, wie es bei euch ist, dann wäre ich nicht auf die Welt gekommen.«

In der analytischen Arbeit stellte sich heraus, daß die Patientin schon bei der Wahl ihres Ehemannes von idealisierenden Projektionen geleitet war und über Jahre hin ihre Selbsttäuschung in Form von Scheinbefriedigung bringenden

Projektionen aufrechterhielt. An solchen Vorstellungen von ihrem Mann hielt sie um so hartnäckiger fest, als er ihr Ersatz für einen allzu früh verlorenen Vater abgeben sollte, der von ihr nach seinem Tod über Jahre hin zu einem Idol erhoben worden war. Die ersten Hinweise aus dem Unbewußten auf ihre verdrängten realen Wahrnehmungen in bezug auf ihren Mann kamen nach achtjähriger Ehe. Damals litt diese Frau unter einem nervösen Tic. Sie mußte immer wieder die Schulter in einer leichten, ruckartigen Bewegung nach hinten ziehen. Wer diese Bewegung einmal ausführt, erkennt leicht, daß es sich dabei um eine Abwehrreaktion handelt, die man in Trotz und Ärger vollzieht. Diese ticartigen Bewegungen verschwanden jedoch wieder, als die Patientin, nachdem ihr einziges Kind größer geworden war, wieder ins Berufsleben eintreten und dort entsprechende Erfolge erleben durfte. Auch ihr Bedürfnis nach menschlichen Kontakten, für das ihr Ehemann keinen Sinn und kein Verständnis hatte, wurde dadurch wieder mehr befriedigt. Richtige Freunde fand sie jedoch nie. Die andern waren immer »nicht das, was ich wollte«, sagte sie. Bis in ihre frühe Kindheit hinein konnte man verfolgen, daß sie immer schwer daran tat, sich der Lebenswirklichkeit zu stellen und den damit verbundenen teilweisen Lustverzicht oder auch nur eine Lustverschiebung zu ertragen. Sie liebte ihre Vollkommenheitswünsche allzu sehr und fand sich selbst in diesem Anspruch immer normal und in Ordnung, dagegen nicht all die andern, die mit einer unvollkommenen Welt ohne ständige Enttäuschung zurechtkamen. Im Grunde graute ihr vor der Welt, wie sie wirklich ist, weshalb sie immer bemüht war, sich eine harmonische, friedliche Scheinwelt aufzubauen.

Im Verlauf der Analyse träumt diese Frau: Sie geht im Tannenwald spazieren und vermag sich im Dunkel schlecht zu orientieren. Es begegnet ihr eine andere Frau, die etwas älter ist als sie selbst. Diese kann sich sehr leicht und gut zurechtfinden. Die Träumerin sieht dann, daß diese Frau auf der Stirn ein drittes Auge hat. Die Patientin geht ihr nach in dem Gefühl, auf diese Weise wieder nach Hause zu finden. Sie sah sich im Traum viel jünger als sie in Wirklichkeit war. Der Wald, und speziell der dunkle Wald, symbolisiert häufig das Unbewußte des Träumers. Die Patientin findet sich darin schlecht zurecht. Sie scheint den Weg in die andere Welt, jenseits des dunklen Waldes, wo mehr Helligkeit, mehr Bewußtheit sind und wo die andern leben, nicht zu finden. Im unbewußten Bereich ihrer Psyche findet sie jedoch Kräfte, helfende Funktionen, die die Orientierung zu leisten vermögen, die mehr sehen können als die ich-nahen und bewußtseinsnahen Persönlichkeitsanteile, die im Traum in der Gestalt der Träumerin selbst auftreten. Diesen orientierungsfähigen und mit mehr Sicht befähigten Kräften vertraut sie sich an, und es wird ihr bewußt, daß sie sich in einem Stadium befindet, das nicht ihrem Lebensalter entspricht. Die Frau mit dem dritten Auge ist ein klein wenig älter. Sie symbolisiert die nächste Stufe, auf die hin die Patientin sich entwickeln könnte. Zu dem Bild der Drei-Äugigkeit ist noch zu sagen, daß durch die symbolische Bedeutung der Drei der Schritt ausgedrückt ist, der zu vollziehen ist. Dabei geht es nicht darum, daß die Patientin nur mehr wahrnehmen und ins Bewußtsein bringen muß. Darüber hinaus muß sie auch das Übergeordnete und Einigende über all den vielfältigen und gegensätzlichen Erscheinungen in unserem Dasein, muß Sinn und Zusammenhang vieler Vollzüge und Abläufe sehen und begreifen lernen. Wer nur Einzelheiten wahrnimmt, die Vielfältigkeit des Seins in der Gestaltung der sich bekämpfenden Gegensätze und Disharmonien – so ist die Lebensschau in der Dualität –, kann sich schlecht zurechtfinden und gerät leicht auf Irrwege. Was die Patientin mit dem dritten Auge gewinnen könnte, wäre die Erkenntnis von ordnenden Lebensprinzipien und die Einsicht, daß alles Leben im Fluß ist und es kein Verweilen im ewig gleichbleibenden Glück gibt. Wer das versteht, kann diese Wahrheit auch für den Partner gelten lassen. Dann kann man nicht mehr mit gutem Gewissen einen zwanzigjährigen jungen Menschen an sich und sein vermeintlich ewiges Glück ketten wollen. Mit dem dritten Auge der Übersicht und einenden Schau lernt man ahnen, daß Älterwerden nicht nur Verlust und Frustration bedeutet, sondern auch etwas bringen kann. Freilich ist es nicht das GLück der totalen Wunscherfüllung in einem märchenhaften Schlaraffenland, wo alles einfache Lustverlangen gestillt wird. Daß Realitätsbegegnung und der Mut zur Wirklichkeit auch Glückserlebnisse bringen können, ist für viele zunächst kaum vorstellbar. Wer noch von der Sucht nach Vollkommenheit, von dem Zwang nach Perfektion geprägt ist, wer nur mit dem Guten und Heilen zu leben vermag, muß allerdings jegliche Wirklichkeitsbegegnung als schmerzhaft und als tiefreichenden Verlust an Lebenslust empfinden.

»Die Welt ist Mist, wenn immer rotes Licht an den Ampeln ist«, sagte meine achtjährige Tochter, als wir hintereinander mehrmals bei Rot warten mußten und es eilig hatten. In diesem Kinderausspruch ist etwas ganz Wesentliches zum Ausdruck gebracht. Wenn wir nur gebremst werden, zuviel auf uns zukommt, was unsere Wünsche und Tendenzen behindert, verändert sich unsere Weltsicht. Ganz entscheidend ist jedoch dabei, wie groß unsere Belastbarkeit ist, welches Maß an Frustration wir ohne Schädigung auszuhalten vermögen, wieviel Verzicht auf infantile Lust von uns geleistet werden kann, also wie groß unser Spannungsbogen ist oder wie niedrig die Reizschwelle, bei der intensive Unlust beginnt. Von diesem Maß werden meine Reaktionen, wird mein Weltgefühl, mein In-der-Welt-Sein bestimmt. Die wesentliche Befriedigung des erwachsenen Menschen, der die vorangegangenen Entwicklungsphasen bewältigen konnte, ist nicht mehr vordergründige Befriedigung im Hier und Jetzt und in der Eile des Sofort und Gleich und Unbedingt, sondern die Übereinstimmung mit dem Wesentlichen. Dies bedeutet nicht völligen Verlust von uns selbst, also Selbstaufgabe. Darunter ist auch nicht die Verneinung schlichter, einfacher Lebenslust zu verstehen. Sie muß jedoch an der Stelle stehen, die ihr zukommt, wo sie sinnvoll bereichert, aber nicht zum alles beherrschenden Grundprinzip erhoben wird. Wir sind alle ganz wesentlich durch das geprägt, was wir an unbedingtem Lustverlangen in uns haben und was wir an Unlust auf uns zu nehmen bereit sind.

In einer analytischen Gruppensitzung berichtete eine Teilnehmerin, daß sie in den letzten Tagen durch eine Kollegin stark geärgert worden war und sich von ihr ausgesprochen geplagt gefühlt hatte. Als Reaktion darauf war ihr blitzartig der Gedanke gekommen, sich ganz einfach umzubringen. Dabei hatte sie unbewußt zweifellos Rachegefühle abreagiert, denn die andere müßte sich dann schuldig fühlen, zugleich hatte die Patientin auch die Vorstellung genossen, dann allen Konflikten und Belastungen enthoben zu sein. Beim anderen Schuldgefühle zu erzeugen und seine eigene Rachelust loszuwerden ist aber nicht das Entscheidende an solchen Gedanken, sondern es ist die dahinterstehende Haltung, die man schlicht so ausdrücken kann: »Wenn mich jemand plagt, mag ich nicht mehr leben. Wenn das Leben so ist, spiele ich nicht mehr mit.« Der gesunde und starke Mensch dagegen wird durch eine Konfrontation mit dem andern herausgefordert: seine Wehrfähigkeit, seine Belastbarkeit, die Fähigkeit zur menschlichen Auseinandersetzung und zur gesunden Selbstbehauptung und noch viel mehr wird provoziert und aktiviert. Alle, die ihr Leben gut bestehen und mit der Realität zurechtkommen, sind Menschen mit der Fähigkeit, sich durch negative Erlebnisse nicht entmutigen zu lassen. Der Erfolgreiche hat nicht nur darum Erfolg, weil er begabt ist, Chancen zu nützen weiß, vitale Kräfte einzusetzen vermag. Winston Churchill formulierte, worum es geht: Die Erfolgreichen sind Menschen, die wieder aufstehen, wenn die andern liegen bleiben.

Das Thema der Ermutigung und Entmutigung spielt für

uns alle eine große Rolle und müßte in jeder Erziehung bewußt eingesetzt werden, auch in der Selbsterziehung. Lust und Erfolg sind aufs engste miteinander verknüpft, wobei Erfolg hier nicht nur als etwas äußerlich Sichtbares und im Sinne einer Rangordnung zu verstehen ist. Es ist nicht allein der Erfolg, der zum Lusterlebnis führt und damit eine Kette weiterer positiver Verstärker und neue Erfolgsmöglichkeiten auslöst. Wer zum Lusterleben fähig ist, mit Lebensfreude begabt, wächst damit zunehmend in die positive Lebensbewältigung und damit in das hinein, was wir hier als Erfolg bezeichneten. Es war mir interessant, zu erfahren, daß die Bedeutung von Lust und Freude nicht nur im Bereich der psychologischen Praxis erkannt und angewandt wird, sondern auch im kirchlichen. Die Religionslehrerin einer Kirche in Amerika erzählte mir, daß sie mit den Kindern jede Woche einmal im Kreis und in kleiner Gruppe zusammensitzt. Dabei wird nicht nur besprochen, was der einzelne an Kummer gehabt hat, vielmehr ist ganz bedeutsam, was an Freude, an Überraschung auf das Kind zugekommen ist. So berichtete ein Junge, der sonst wenig Positives erleben konnte, daß er einen Goldfisch bekommen hat. Die ganze Gruppe freut sich dann mit an dem Goldfisch, und es wird mehrfach betont, daß es eine feine Sache ist, einen Goldfisch zu haben. Ein anderes Kind ist mit einem Radfahrer beim Rollerfahren zusammengestoßen. Es wird nicht darauf abgehoben, daß dies eine schlimme und gefährliche Situation war, vielmehr darauf, daß beide nur ganz wenig verletzt wurden. Damit soll bewußt zum positiven Erleben und letztlich zur Dankbarkeit erzogen werden. Wer dankbar sein kann, lebt leichter.

Die Ablösung von den Urbildern

Der vitalschwache, ängstliche und vor allem der infantil fixierte Mensch lebt im Rückzug. Ich erinnere mich an viele

Patienten und Beratung suchende Menschen in allen Altersstufen, die einsam waren und keine Freunde und zum Teil auch keine Partner finden konnten, weil sie letztlich jeder Begegnung und Konfrontation mit einem andern Wesen darum aus dem Weg gingen, weil sie eine Abweichung von ihren Wünschen und Vorstellungen als persönliche Kränkung empfanden und fürchteten. Sie sahen nicht ihre eigene Resignation, ihre Angst vor Begegnung und Konfrontation, vielmehr rationalisierten sie mit Worten wie: »Menschen haben mich immer letztlich enttäuscht. Mit meinem Hund habe ich weniger Ärger. Ich habe niemanden gefunden, der zu mir paßt. Andere sind ganz anders als ich.« Wer richtig zu hören vermag, erkennt, was dahinter steht als Aussage: »Andere sind nicht so, wie ich sie haben möchte, um zu meiner Befriedigung zu kommen. Ich möchte kein selbständig reagierendes menschliches Gegenüber haben, ich suche Anpassung und blinde Zugehörigkeit. Die andern entsprechen nicht meinen Wunschvorstellungen und meinen Anspruchsphantasien.«

Viele von den ewig Unzufriedenen, die oft in häufigem Partnerwechsel auf der Suche sind, hoffen auf den Idealpartner. Darunter verstehen sie einen Menschen ohne all das, was eben menschlich ist. Selbst das Gegensätzlichste soll in ihm vereint sein. Eine Frau soll eine gute Hausfrau sein, ein warmes Zuhause schaffen, zugleich aber soll sie sich als erotisch anziehend darstellen, so daß jeder andere Mann den Partner um seine Frau beneidet. Sie soll treu und ganz auf ihren Ehemann ausgerichtet ihm angehören, jedoch überall auf andere mit Imponiergehabe wirken und überzeugen. Der Mann soll eine gute berufliche Position aufbauen, erfolgreich sein und viel verdienen, findet aber eine enttäuschte Frau vor, wenn er nicht um siebzehn Uhr nach Hause kommt und abends so erschöpft ist, daß er keine Lust hat, viel auszugehen. Nicht nur der neurotische Mensch, sondern wir alle sind in unserem Alltag immer wieder in Gefahr, das Mögliche und Unmögliche nicht trennen zu können, uns vor Entscheidungen ganz einfach zu drücken. Wir wollen beides. Das Gesetz der Realität ist uns häufig lästig. Wir verlangen oft Dinge, die sich gegenseitig ausschließen.

Wie sehr wir schon Kinder zur Verneinung der Wahrheit und Wirklichkeit erziehen – oft geradezu zur Lüge, die eine bewußt falsche Aussage ist –, soll ein kleines Beispiel zeigen. In einem Kindergarten äußerte ein Kind mehrmals: »Meine Mutter ist eine Schlampe.« Als die Vorgesetzte der Kindergartenleiterin bei einem Besuch dieses Kindergartens diese Äußerung von dem Jungen hörte, ging sie auf das Kind zu und fragte es, indem sie es bei der Schulter faßte: »Was ist deine Mutter?« Der Fünfjährige antwortete genau wie verlangt: »Die Mutter ist lieb.« Aber war sie es wirklich? Was veranlaßte diesen Jungen zu wiederholten negativen Äußerungen über seine Mutter? War es nur oberflächliche Protzerei und Wichtigtuerei vor den andern Kindern? War es die Nachahmung und damit Verarbeitung von Äußerungen seines Vaters oder von älteren Geschwistern? Hatte seine Mutter ihn affektiv stark belastet und suchte er nun Formen des Abreagierens und der Entlastung? Niemand fragte ihn danach, niemand war um ein Verstehenwollen und um eine Hilfeleistung bemüht. Ergründende Gespräche sind aber schon mit dem einzelnen Kleinkind möglich wie auch in Gruppen. Erziehung, die nicht Dressur sein will, muß sich schon beim Kleinkind bemühen, die Auseinandersetzung mit sich und der Umwelt zu fördern, und darf nicht zum Verdrängen anleiten. An diesem Beispiel sehen wir, daß der Erzieher erst in sich selbst so weit kommen muß, daß er solche Fehlhaltungen erkennt. Er muß in sich selbst erst den Mut realisieren, als wahr gelten zu lassen, daß nicht alle Mütter immer und unbedingt gut sind. Wir sind es wahrhaftig nicht, und es ist wichtig, daß wir Mütter uns zugestehen, auch Menschen zu sein. Dann dürfen unsere Kinder von klein auf und erst recht auch später als Erwachsene zur Realität stehen. Solange die Mütter nicht als Frauen, die sie sind, mit all ihren Unzulänglichkeiten und Problemen, die trotz aller Anstrengungen auch dem bemühten Menschen bleiben, so gesehen und angenommen werden können, sind wir alle noch vom Zwang der Glorifizierung beherrscht. Dies ist ein Zeichen dafür, daß wir die Mutter nicht als das sehen, was sie ist, vielmehr in ihr Archetypisches suchen. Der Mutterarchetypus, das im kollektiven Unbewußten vorhandene Urbild des Mütterlichen, überschneidet sich mit vielen archetypischen Seinsweisen. Das Mütterliche ist in seiner tragenden, ernährenden und Geborgenheit spendenden Funktion in vielen Mythen und Darstellungen nicht nur Symbol der Erde, sondern oft des Lebens überhaupt. Wer im Mutterarchetypus gefangen bleibt, kann nicht zulassen, daß seine konkrete Mutter ein Mensch ist, der nur in Teilaspekten die archetypischen Funktionen erfüllen kann. Dann muß die Mutter immer »lieb« sein, weil es ja um die große Mutter geht, die das Ganze ist. Sich bewußt zu machen, daß die eigene Mutter nicht nur »lieb«, sondern auch »böse« war, nämlich ein unvollkommener Mensch wie man selbst auch, ist oft so schmerzlich wie ein Geburtsvorgang. Das neu Errungene bedeutet immer auch Verlust und ein Zurücklassen, ist Wagnis so lange, bis das neu Erworbene dann hilfreich wird.

Die Beziehungen zur Mutter sind bei den einzelnen Kindern in derselben Familie völlig verschieden. Während mich meine älteste Tochter, die drei Jahre keine Geschwister hatte, von klein auf als menschlichen Partner nahm, mit dem sie sich identifizieren konnte, war dies bei der nächsten Tochter ganz anders. Sie nahm die große Schwester als menschliche Partnerin, die sie bewunderte und mit der sie sich stark identifizierte. Diese fühlte sich der jüngeren Schwester gegenüber ganz wohl in dieser Rolle. Die zweite Tochter nahm mich als Mutter viel unpersönlicher. Ich war für sie da wie Luft zum Atmen, wie das Wasser und der Wald. Sie nahm alles in sich auf nach Bedarf. Als einmal etwas körperlich Intimes zu verrichten war und ich ihr dabei helfen sollte, sah sie mich plötzlich ganz verwundert an und meinte mit erstaunten Augen: »Stell dir vor, da geniere ich mich sogar vor meiner Mutter!« Sie sagte nicht »vor dir«, das wäre viel zu persönlich gewesen.

Die von der Autorität erzwungene Antwort des kleinen Jungen im Kindergarten »Die Mutter ist lieb« drückt die Anpassung an die noch immer verbreitete Aufrechterhaltung archetypischer Gebundenheit aus. Damit ist Bewußtseinseinengung verbunden und mit ihr wiederum Entfaltungshemmung bis hin zur Krankheit. »Die Mutter ist lieb« mutet wie eine Beschwörungsformel des Archetypus Mutter an. Wer dem widerspricht, begeht ein Sakrileg. Es ist wichtig, daß wir, die wir uns in solch hohem Maße wissend und aufgeklärt fühlen, uns darum bemühen, unsere magischen Rituale zu entdecken. Dabei geht es nicht einfach um Entlarvung, um Entmythologisierung. Dies wäre ein totales Mißverständnis. Das Erlebnis des Mütterlichen, Tragenden, Beschützenden, Nährenden ist für jeden Menschen – und wie wir seit Harlows Affenversuchen wissen, auch für die Tiere – von elementarer Bedeutung. Die Schädigungen und Erkrankungen, die beim Mangel solcher Erlebnisse zum Tod führen können, hat René Spitz eindrucksvoll nachgewiesen. Es ist darum ganz entscheidend, daß Frauen das Mütterliche mit all dem damit Verbundenen integrieren, entwickeln und für ihre Kinder darstellen können. Aber die reale und konkrete Mutter ist nicht *das Mütterliche* schlechthin, sie darf nicht endlos und über die Zeit hinaus, in der die Kinder klein sind, damit verwechselt werden. Was für die ersten Entwicklungsstufen normale Bedingung ist, muß im Verlauf des Erwachsenwerdens wieder zurückgelassen werden, um Realitätsbezug zu ermöglichen. Dabei geht es nicht allein um Verzicht auf diese archetypische Weltschau, die für das Kind in der Mutter personifiziert ist, sondern zugleich um Befreiung, die uns bereit macht, den andern Menschen und unsere Welt, in der wir leben, ohne Projektionen wahrzunehmen. Letzten Endes ist dies erst Begegnung. Wir glauben auch nicht mehr, daß der Kranke vom Teufel besessen ist, und töten den kranken Menschen darum nicht. Erst nach der Loslösung von solch archetypischer Projektion konnten wir Krankheit erforschen und neu verstehen lernen. Wir stehen mitten in dem Prozeß, archetypische Besetzungen zurückzunehmen und die psychischen Zusammenhänge verstehen zu lernen. Dies vollzieht sich auf vielen Gebieten. So müssen Mann und Frau nicht mehr den Archetypus des Männlichen und Weiblichen darstellen und damit ihr eigenes Menschsein hemmen, seit wir zunehmend lernen, daß Männliches und Weibliches als Seins-Form in beiden Geschlechtern vorhanden ist, jedoch in modifizierter Art und Weise.

Warum in derselben Familie das eine Kind auf negative Eltern mit positiver archetypischer Besetzung reagiert, das andere aber von Anfang an realitätsnäher in stärkerer Distanzierung zu ihnen und mit mehr Ich-Bildung lebt und oft früh schon in Opposition übergeht, darüber wissen wir im Grunde noch nichts. Natürlich kann man hypothetisch einige Erklärungen dafür durchdenken, zum Beispiel daß konstitutionell gegebene Vitalität und die damit zur Verfügung stehende Libido-Menge eine Rolle spielen. Dem ist aber gegenüberzuhalten, daß bei der Realitätsverleugnung und der in der Phantasie vollzogenen Vervollkommnung der Eltern-Bilder nicht immer der leichtere Weg beschritten wird und damit Libido sparende Prozeße ablaufen. Was in solchen Kindheitsverläufen an Belastungen und Leiden durchzustehen ist, übersteigt meist unsere Vorstellungen, wie überhaupt die Wirklichkeit immer unsere Phantasie übertrifft.

Eine weitere Möglichkeit könnte sein, daß die Bedürfnisse nach Bemutterung in den einzelnen verschieden groß sind. Man könnte sich vorstellen, daß Kinder mit starkem Verlangen nach Nähe und Identität mit der Mutter bei Mangel an solchen Erlebnissen erkranken müßten. Mit Hilfe der archetypischen Projektion auf die reale Mutter könnte ein solches Kind dann überleben oder eben den Mangel ausgleichen. Dann bleibt aber immer noch offen, ob im späteren Leben eine Lösung erfolgt, wenn beispielsweise durch andere Begegnungen und Erlebnisse Ausgleich geschaffen werden kann. Wo dies nicht möglich wird, werden zwar Formen des Überlebens gewährleistet, jedoch werden sich mit der Zeit Fehlentwicklungen und Krankheit melden, nämlich dann, wenn die Projektionserlebnisse und die Realität sich immer mehr voneinander entfernen, das heißt, der Wirklichkeitsverlust zunimmt. Eine Patientin träumte in einer solchen Lebenssituation, daß sie durch die Straßen fliegt, über die Dächer hinweg, immer höher. Plötzlich wird ihr im Traum bewußt, wie einsam und menschenleer es da oben ist, und sie bekommt Angst, ob sie wieder nach unten kommen kann. Hier ist im Bild deutlich gemacht, daß diese Träumerin nicht mit den Füßen auf dem Boden steht, sich nicht da bewegt, wo das Leben unter den Menschen abläuft. Zugleich ist auch angedeutet, daß Realitätsverlust gefährlich ist, nicht nur Vereinsamung bringt, sondern bei manchen Menschen so weit gehen kann, daß sie den Weg zurück in das normale Wahrnehmen, Denken und Fühlen nicht mehr finden. Die Krankheit ist in solchen Fällen wiederum ein Versuch und eine Chance, durch eine analytische Behandlung heilende Kräfte zu aktivieren. Das Festhalten am unwirklichen und nicht erlebbaren Idealbild, am archetypischen Bild, kann trotzdem in manchen Fällen als biologisch sinnvoll und als Balanceversuch verstanden werden.

Die Lösungsversuche vom archetypischen Zwang könnte man aufteilen in eine extravertierte und introvertierte Art der Bewältigung. Das introvertierte Kind vollzieht die Korrektur seiner Umwelt – zum Beispiel das Erlebnis einer zu wenig mütterlichen Mutter – rein intrapsychisch, indem es die Sicht der Realität verändert und aus dem eigenen Innern hinzugibt, was als Mangel nicht verkraftet werden kann. Dies vollzieht sich durch Projektionen der Wunschbilder. Es sieht dann seine Mutter einfach anders, als sie in Wirklichkeit ist. Das mehr auf die Außen- und die Umwelt bezogene extravertierte Kind will durch seine Reaktionen Außenweltveränderung erzwingen. Es fordert durch seine Reaktionen, unter Umständen durch Symptombildung, die Beziehungspersonen zu neuen Verhaltensweisen auf. Das archetypische Grundbedürfnis ist natürlich auch hier der Ausgangspunkt, der Wünsche und Bedürfnisse auslöst. Beispiele solcher verschiedenen Lösungsversuche finden wir geradezu in Extremen ausgeprägt in unserer Gegenwart: einmal die Jugendlichen, die in Hasch und Drogen flüchten, um unsere heutige Welt aushalten zu können und Mangelleiden zu bewältigen; die andern, die ebenfalls mit der vorgefundenen Welt nicht zurechtkommen können, zünden Häuser an, legen Bomben und morden, um in der Extraversion die Lösung zu suchen. Beide haben archetypisch geprägte Zielvorstellungen und Bedürfnisse.

Eine weitere Hypothese für die Erklärung verschiedener Reaktionsweisen kann anführen, daß Kinder von klein auf in den jeweiligen Familien zu dieser oder jener Haltung erzogen werden, wie wir bei unserem Kindergartenkind sahen, wobei das eine Kind von seiner psychischen Disposition her dann erzieherischen Einflüssen mehr ausgesetzt sein müßte als das andere Kind in derselben Familie, weil innerhalb desselben Kollektivs schon unterschiedliche Reaktionsweisen zu beobachten sind. Eine teilweise Erklärung könnte auch die unbewußte Übernahme der ebenfalls unbewußten Haltung der Eltern sein. Daß schon die Allerjüngsten das unbewußte Verhalten und Reagieren ihrer Beziehungspersonen übernehmen und agieren, wissen wir. Darum kommt es vor, daß Kinder, die zu Fleiß, Redlichkeit, Ordnung, Mut und allen möglichen Tugenden erzogen werden, letztlich sich doch mit all dem herumschlagen müssen, was die im Unbewußten verborgene Haltung der Eltern war. Die von Willen und Verstand in die Erziehung verbal eingebrachten Kompensationen verfehlen fast immer ihr Ziel. Wenn in einer Familie allzuviel verdrängt wird und wenig psychische

Auseinandersetzung stattfindet, kommt das Problem irgendwann bei irgendeinem Nachkommen zum Vorschein. Daß gerade Eltern, die im Grunde ihr Eltern-Sein nicht vollziehen und psychisch ihre Kinder darben lassen, besonderen Wert darauf legen, als Eltern respektiert zu werden, und gerne autoritär auftreten, ist nicht verwunderlich. Wer selbst als Mensch im Vater- oder Mutter-Sein versagt und davon in sich nichts oder nur wenig entfalten und realisieren konnte, greift gerne auf den archetypischen Respekt zurück, der einer Mutter- oder Vaterrolle zusteht. Eltern können jedoch ihr Versagen auch in anderer Form kompensieren, nämlich über die Verwöhnung der Kinder. Damit erzieht man sie zur Lustbefriedigung ohne Anstrengung und macht sie dadurch abhängig. Auch dies ist nichts anderes als Wirklichkeitsverleugnung. Den Verwöhnten wird damit ein falsches Weltbild vorgegaukelt.

Verwöhnung

In der Verwöhnung kann psychologisch gesehen vielerlei agiert werden. Die Wirtschaftswunderkinder mit ihren auf verschiedenen Gebieten erlebten Verwöhnungen und deren Folgen sind heute in den Familien, den Ausbildungsstätten, den Schulen und Lehrstellen zum Teil zum Problem geworden. Auch in den psychologischen Sprechstunden treten Kinder und Jugendliche, die durch Verwöhnung geschädigt wurden, immer häufiger auf. Verwöhnung ist dem Kind wie auch dem Partner gegenüber immer ein Betrug. Es wird ihm eine Erwartungshaltung anerzogen, der im weiteren Verlauf des Lebens keine Entsprechungen folgen. Verwöhnende Erzieher wollen sich der Aufgabe ernsthafter Erziehung nicht unterziehen. Sie wollen Lustspender sein in der Hoffnung, durch das Lustverlangen des anderen begehrt zu werden. Dies bezieht sich nicht nur auf Eltern, sondern ebenso auf Lehrer und andere Erzieher, die es sich leichtmachen.

Kindern alles zu gewähren heißt sich mit ihnen nicht auseinanderzusetzen, sich der Übung, mit ihnen maßvolle Frustrationen ertragen zu lernen, zu entziehen. Das Aushalten von Spannungen bezieht sich dabei nicht allein auf den zu Erziehenden, sondern auch auf den, der erzieht. Verwöhnen ist immer einfacher und bequemer. Die Strümpfe der Tochter mit den eigenen schnell herauszuwaschen geschieht viel schneller und reibungsloser, auch mit weniger Energieaufwand, als ihr diese Arbeit selbst zu überlassen. Man muß dann zunächst einmal zeigen, wie man richtig wäscht, wie die gewaschenen Sachen zu spülen sind, wieviel Waschmittel benötigt wird usw. Viele Töchter und Söhne lassen solche anstehenden Aufgaben unbewußt oder zuweilen auch bewußt darum ewig unerledigt, weil sie aus Erfahrung wissen, daß ihre Mutter oder im anderen Fall der Vater doch nicht die Persönlichkeitsstärke besitzt, dies oder jenes eben dann über längere Zeit anstehen zu lassen oder, im Fall mit den Strümpfen, die Tochter doch nicht mit ungewaschenen Strümpfen in die Schule oder zur Lehrstelle gehen zu lassen. Mit solchen Übungen, nämlich wer über den längeren Atem verfügt, operieren auch viele Männer. Sie spielen wie in ihrer Kindheit die Rolle des Kindes mit passivem Widerstand und hoffen, daß ihre Frau inzwischen den Rasen selbst mäht, weil es sonst die Mähmaschine nicht mehr schafft, und hoffen, daß die Frau eben doch nicht die notwendige Konsequenz und Härte aufbringt, dann ihren Mann mit der Sense mähen zu lassen. Die Schwäche des einen wird umgemünzt in die Verwöhnung des andern, nämlich des dickhäutigeren und gröberen Menschen, der sich zuweilen seine Verwöhnung erzwingt.

Verwöhnung ist immer Schwäche, ob es gegenüber Kindern, Jugendlichen oder Erwachsenen ist. Sie ist ein Verleugnen der Auseinandersetzung mit der Realität, ist das Sich-Drücken vor notwendiger Anstrengung und der damit verbundenen Unlust. Um Mißverständnissen vorzubeugen, muß gesagt werden, daß die Verwöhnung im Alltag und die

Übernahme von Aufgaben und Pflichten des Alltags durch den Verwöhnenden nicht mit dem Tun und der Absicht verwechselt werden darf, einem geliebten Menschen eine Freude zu bereiten und ihm unser Wohlwollen zu zeigen. Dies bedeutet jedoch nicht, ihm den Alltag abzunehmen, ihn der Wirklichkeit seines Lebens zu entziehen, für ihn Sklave oder Diener zu spielen oder ihn im Kindsein verharren zu lassen. Dies trifft dann zu, wenn nur von einer Seite der beiden her das Bemühen sichtbar wird, Liebes zu tun. Wo immer nur einer am Geben und der andere am Nehmen ist, sammeln sich Probleme an. Die Verwöhner fühlen sich meist in der Rolle der liebevoll Gebenden und durchschauen nicht ihre darin verborgenen Egoismen. Es ist natürlich für sie eine Lust, sich als »gute Mutter«, als »guter Vater«, als »guter Partner«, »guter Lehrer« zu fühlen. Was sie dem Verwöhnten schuldig bleiben an nicht geleistetem Liebesdienst, davon spricht niemand.

Neben dieser Neigung, sich selbst im sozialen Bezug erhöht zu fühlen, vollzieht sich meist ein auf sich selbst bezogener Prozeß. Wir überschütten die geliebte Person mit vermeintlichem Gutes-Tun, weil wir uns mit ihr identifizieren. Wenn wir unseren Kindern nichts verweigern, ihnen alles nur Mögliche gewähren, ihnen ein paradiesisches Leben gestalten, wo es in unserer Macht steht, ihnen jede Belastung und Spannung abnehmen, tun wir dies auch für uns selbst. Denn kein denkender und bewußt lebender Mensch kann dies für richtig halten. Unsere persönlichen Bedürfnisse nachzuholen, unsere eigenen unverarbeiteten Frustrationen und die immer noch nicht bewältigten Erlebnisse, dies oder jenes nicht gehabt, nicht gedurft zu haben, machen uns blind. Hinter Verwöhnungen stehen auch Agitationsversuche, Schuldgefühle gegenüber dem Partner oder heranwachsenden Menschen aufzulösen. Oft steht dahinter das verdrängte und vom bewußten Denken her weit abgewiesene Gefühl, dem andern doch nicht ganz das entgegenzubringen und sein zu können, was er von einem erwartet oder was man selbst im Grunde für richtig halten würde, ohne es jedoch voll leisten zu können. Es ist oft der bewußt nicht zugelassene, berechtigte Zweifel an der eigenen Liebesfähigkeit. Ich denke an Frau N., die ihren Mann unsagbar verwöhnte, während sie ihm im Grunde wenig echte Zuneigung schenken konnte, weil sein Wesen ihr zu fremd war. Über verwöhnende, hingebungsvolle Kleinarbeit versuchte sie, die Beziehung auf diese Art und Weise zu erhalten. Ein anderes Beispiel: Herr L. verwöhnte seine Frau materiell in großzügigster Weise, weil er sich dadurch ihre Zuneigung erkaufen wollte, deren er sich nicht sicher fühlte. Zugleich aber fühlte er uneingestandenermaßen, daß er ihren psychischen Bedüfnissen nach Zweisamkeit zu wenig gerecht wurde.

Eltern, die sich wenig um ihre Kinder und deren Menschwerdung kümmern, die sich seelisch dem kleinen Wesen nicht stellen und zuwenden, sind häufig materiell recht großzügig. Da wird kein Eis abgeschlagen, kein Sinalco verweigert. Warum auch? Als ich eine Mutter in einem großen Selbstbedienungsladen beim Einkauf mit ihrem knapp dreijährigen Jungen beobachtete, lief folgendes ab: Der Kleine sah einen Lutscher und wollte ihn haben. Die Mutter lehnte dies ab mit der Begründung, daß er doch genug Süßigkeiten zu Hause habe. Das Kind quengelte beharrlich weiter, wie es Kinder tun, die mit solchen Verhaltensweisen am Ende doch Erfolg haben, weshalb ich prophezeite, daß dieses quengelnde Kind bald seinen Lutscher haben würde, was nur eine Frage der Zeit war. Als die Mutter schließlich nach genau sechs Minuten dem Kind den gewünschten Lutscher in die Hand drückte, fragte ich sie, warum sie das tue. Bei vielen Müttern ist es die persönliche Unsicherheit und Angst, sich vor den andern Leuten mit einem meckernden und lästigen Kind schämen zu müssen. Diese junge Mutter meinte: »Schauen Sie her, hier habe ich zwei Schachteln Zigaretten gekauft, die für mich sind. Dann kann ich meinem Kind doch nicht den Lutscher um zwanzig

Pfennig abschlagen.« Die gegen sich selbst nicht durchgehaltene Härte, sich etwas zu versagen, konnte auch gegenüber dem Kind nicht durchgehalten werden. Diese Mutter vermochte sich nicht so weit zu frustrieren, als versagende Autorität aufzutreten. Sich als Gebende zu erleben ist lustvoller. Der Junge ist bei dieser Mutter dazu verdammt, später ein Haben-Müsser zu werden, ein von vielen Dingen Abhängiger, der es mit sich selbst schwer hat. Wer das normale Maß an Fähigkeit, Frustrationen zu ertragen, ohne dadurch geschädigt zu werden, nicht gelernt hat, ist für sich selbst wie auch für die andern problematisch, wie wir am Beispiel dieser Mutter sehen. Der Verwöhnte erwartet in seiner Umgebung immer wieder Verwöhner, die ihm Unannehmlichkeiten abnehmen, die ihm Wunscherfüllung bereiten, auf deren Schultern er sich setzen kann. Auch an die Gesellschaft, an den Staat werden später diese Forderungen gestellt. Die Grundeinstellung ist dann: Andere haben für mich zu sorgen. Ich habe Anspruch auf ... In der Schule sind es die Kinder, die nur so lange mitmachen, wie alles lustbetont ist und ihrer Laune entgegenkommt. Sobald jedoch etwas Anstrengungsbereitschaft verlangt wird, steigen sie aus. Sie erwarten dann im Gymnasium, daß der Lehrer für sie arbeitet und möglichst er oder die Mutter für sie die Wörter lernt, so wie bisher doch Vater oder Mutter ihnen die mühsamen Dinge abgenommen haben. Die durch ihre bisherige Erfahrung vermittelte Einstellung zum andern Menschen kann formuliert werden mit der Frage: »Wer hilft mir? Wer springt für mich ein? Wer trägt mich durch Schwierigkeiten, wenn ich selbst nicht mehr gehen mag?« Der andere wird mit solchen Erwartungen besetzt. Nicht selten geraten die Verwöhnten später an Freunde und Partner, die aus ihrer eigenen Problematik heraus es sich zur Ehre machen und ihr Selbstwertgefühl damit aufbessern, solchen Ansprüchen eines Verwöhnten gerecht zu werden, um sich als Wunscherfüller zu erleben. Auch in solcher Weise kann man unbewältigte eigene Frustrationen agieren.

Den Verwöhnten ist die Lust der Anstrengung völlig fremd, ebenso die Freude an Entspannung nach der Aufgabenbewältigung. Sie kennen nicht das Bedürfnis, die altersgemäße Belastbarkeit und eigene Fähigkeiten auszuloten. Nicht immer wird die gesamte Persönlichkeit von Anstrengungsverweigerung geprägt. Ich erinnere mich an einen Zwölfjährigen, der die schwierigsten Skifahrten unternahm, größte Anstrengungen beim Tennisspiel aufbrachte, jedoch jegliche Leistung in der Schule und gegenüber den täglichen Selbstverständlichkeiten verweigerte. Die Schmutzwäsche räumte seine Mutter immer weg. Warum sollte sich dies plötzlich ändern? Und sie wurde ja schließlich auch immer wieder weggeräumt. Das war ganz einfach zu erreichen: Er brauchte sie nur liegen zu lassen und den Aufforderungen zum Aufräumen eben nicht nachzukommen. Seine Erfahrung bestätigte ihm, daß er in seinem hartnäckigen Verhalten recht hatte. Erfahrung verstärkt und bestärkt durch den erlebten Lustgewinn. Reden kommen dagegen nicht an.

Was solche unerzogenen Menschen zuweilen den andern, etwa den Arbeitskollegen, dem Partner, den Kindern als Belastung weiterreichen, darüber sind wir uns noch zu wenig im klaren, weil dies schwer zu überschauen ist. Sie geben diese Lebensart, auf den andern draufzustehen, ihre rigorose Suche nach vermeintlichem Lustgewinn, von Generation zu Generation weiter. Sie suchen und finden auch immer wieder diejenigen, die von klein auf geübt sind, sich aufladen zu lassen, die kein eigenes Menschsein und Ich entwickeln durften. Viele Probleme sind durch solche Zusammenhänge geprägt. Wenn das Spiel »Ich setz mich dir auf die Schultern, und du nimmst mir ab, was ich nicht mag« eines Tages durch den andern gestört wird, weil er sich zu wehren beginnt, sich selbst weiterentwickelt und sich der primitiven Verhältnisse dieser Beziehung bewußt wird oder einfach aus Kräfteverschleiß nicht mehr mitspielen kann, weil zu viel verlangt wird, dann beginnen große Krisen. Ihre Lösung hängt letzten Endes davon ab, wieweit auf beiden

Seiten Entwicklungsfähigkeit und Kraft zur Verwandlung von Libido und damit zur Umgestaltung einer Beziehung vorhanden ist. Beziehungen zu verändern heißt immer zunächst sich selbst ändern.

Verwöhnung und Vermeidung jeglicher Unlust spielen in unserer Zeit eine große Rolle. Wer kennt nicht die Appelle der Werbung und die uns zunehmend suggerierte »weiche Welle« von »Verwöhne dich«, »Gönn' dir was«? Dies wird immer materiell verstanden, als ob es keine andere Basis gäbe, sich selbst etwas zuliebe zu tun. Viele von uns sind durch die Jahre des Verzichts in den Kriegs- und Nachkriegsjahren zwangsweise von einem Berg von Entbehrungen belastet worden. Dies waren die Jahre, in denen für viele kaum materielle Lustbefriedigung möglich war und die einfachsten Freuden am Essen und Trinken fehlten. Darüber hinaus aber waren auch die seelischen und geistigen Entbehrungen und Belastungen dieser Zeit gewaltig. In welchem Ausmaß Lustgewinn relativ ist, möge ein kleines Beispiel aufzeigen. Als ich als Studentin während des Krieges Hunger litt und mein trockenes Schwarzbrot für den Tag genau einteilen mußte, erlebte ich mit einer Scheibe trockenen Brotes ein solches Maß an lustvollem Essen, wie ich es heute bei den größten Leckereien kaum mehr empfinden kann. Daß sich die Fähigkeit, Lust zu erleben, durch Not und Entbehrungen nicht verringert, sondern steigert, ist biologisch sinnvoll. Lusterlebnisse unterliegen dem Gesetz der Steigerung durch vorübergehende Frustration. Dies ist psychologisch einleuchtend, denn man gewöhnt sich an Lusterlebnisse, und die Reizschwelle verändert sich. Um denselben Effekt zu erreichen, muß immer mehr aufgewendet werden. Der die Lust auslösende Reiz muß sich stets verstärken, um den Lusteffekt in der bisherigen Intensität zu erreichen und Zufriedenstellung zu gewährleisten. Dies ist eine alte Erfahrung, die jedoch immer wieder verdrängt wird. Kinder mit vielen luxuriösen Spielsachen sind lustloser, phantasieloser und auf anderer Ebene »ärmer« als Kinder mit wenig Spielzeugluxus. Wer täglich Leckereien und das ausgewählt Gute ißt, hat zwar das Bewußtsein, sich viel Gutes zukommen zu lassen, kann sein Bedürfnis, sich zu verwöhnen, befriedigen. Mehr Lustbefriedigung und gesteigerte Lusterlebnisse würde er allerdings finden, wenn er gelegentlich eine Mahlzeit ausfallen ließe oder zwischendurch ganz einfache Essen, die durchaus fein zubereitet und wohlschmeckend sein können, zu sich nehmen würde. Die wahren Feinschmecker verachten darum die einfachen Gerichte nicht und sind auch keine Schlemmer. Wenn wir von Lebenskunst eine Ahnung haben, verhalten wir uns bewußt oder unbewußt nach diesen Gesetzen. Wer täglichen Sexualverkehr als Dauerregelung praktiziert, versteht nicht viel von Erotik und der großen Steigerung von Sexualerlebnissen, er kennt nur Triebentspannung.

Man kann geradezu behaupten, daß der einfach Lebende, der keine Genüsse des verfeinerten Lebens kennt, mehr Lusterlebnisse und Möglichkeiten zur Freude findet als der in der Fülle materiellen Standards lebende Mensch. Es gilt die Regel, daß genüßliches Leben – also auf Genuß ausgerichtetes Leben – zu immer weniger Genuß führt. Der materielle Reichtum mit all den Möglichkeiten, die er bietet, reduziert auf die Dauer die Möglichkeiten lustvoller Befriedigungen. Lust steigert sich, wenn sie nicht sofort und immer befriedigt werden kann. Die Möglichkeit einer stets realisierbaren Wunscherfüllung und Lustbefriedigung reduziert proportional die Intensität vitaler und umfassender Befriedigungserlebnisse, weil die hierzu notwendige Spannung, der von Zeit zu Zeit notwendige Verzicht, fehlt. Dies darf nicht als Glorifizierung der Entbehrung verstanden werden, denn diese zwingt mir Frustration von außen auf, und ich habe keine Wahl. Verzicht ist jedoch eine nicht aufgezwungene Entscheidung. Wenn ich mich für etwas entschließe, bedeutet dies immer auch, etwas anderes nicht zu tun, etwas zu unterlassen. Ich kann nicht zu gleicher Zeit Rehrücken essen und einen einfachen Eintopf, kann nicht zur gleichen Zeit bei meiner Freundin sein und bei meinen Kegelbrüdern, ebensowenig wie ich in zwei Häusern zur selben Zeit wohnen kann. Wir müssen immer wählen und dabei auch etwas auslassen. Manche versuchen diese Tatsache zu umgehen, indem sie sich nacheinander ihre Genüsse und Möglichkeiten zusammenholen: Heute bin ich bei meiner Frau, morgen bei meiner Freundin, danach bei meinen Kegelbrüdern usw. Dabei ist zu beobachten, daß es sich bei Erwachsenen ähnlich verhält wie bei den Kindern mit den Spielsachen. Wer über ein gewisses Maß hinaus Lust rafft, verliert die Erlebnismöglichkeiten und erfährt viel weniger und seltener tiefgreifendes Befriedigtsein, als dies Menschen erleben, die weniger ihren Genüssen nachjagen. Die Menge verringert die Intensität. Ehe ich das eine in mich hineingenommen und verinnert habe, ehe es mir ganz zu eigen wurde und mich erfüllen konnte, kommt schon das Nächste auf mich zu, das ich nur mit verringerter Bereitschaft und Aufnahme- wie auch Verarbeitungsfähigkeit annehmen kann. Wer aber keine Gefühlsintensität und kein großes Erfülltsein, wer die große Lust und die überwältigende Freude nicht kennt, braucht immer mehr, um sein Defizit aufzufüllen. Der Prozeß läuft in folgender Weise ab: Häufiger Genuß bringt abnehmende Lustfähigkeit und verringertes Glücksgefühl. Dadurch erfolgt die Erhöhung der Reizschwelle, was stärkere Reize erfordert, um Befriedigung zu erreichen. Da es schwierig ist, echte Lust und tiefreichende Befriedigung dann noch zu erreichen, erfolgt die Suche nach Schein-Lust und Schein-Glück. Dies ist meist mit der Suche nach vielerlei im Sinne der Quantität verbunden. Wer Lustbefriedigung und Glücksfülle in der Intensität und Qualität nicht erreichen kann, geht zur Quantität über. Ob es sich dann um Essen und Trinken, um Sexualität, ums Reisen oder um Prestige handelt, es muß immer *viel* und *oft* sein.

Verzicht

Die Entscheidung, Maß zu halten, und die Bejahung des Verzichts ist dann von uns selbst zu vollziehen, wenn von seiten der Außenwelt uns keine Verzichtleistungen abverlangt werden. Wer in der Freiheit mit vielen Möglichkeiten lebt, muß selbst viel lernen, damit er nicht gegen die für den Menschen und für sein Befriedigtwerden gültigen Gesetze verstößt, die sich dann gegen ihn selbst und gegen seine Freiheit wenden würden. Freiheit ist darum nicht, daß man tun und lassen kann, was man will. Diese Freiheit gibt es nicht, ohne Schaden anzurichten. Die für den Menschen anzustrebende Freiheit ist die, daß er nicht gezwungen werden kann, etwas zu tun, was er nicht will. Solche Freiheitsvorstellungen lassen sich im kleinsten wie im großen Kollektiv verwirklichen. Sie wurden auch schon vor langer Zeit formuliert. Unrealistische, nicht realisierbare Wunschvorstellungen halten die Menschheit jedoch immer wieder gefangen. Die dabei empfundene Lust ist eine immer neu gesuchte Tröstung für den, der die tatsächliche Welt nicht auszuhalten vermag.

Reklame und Werbung wenden sich mit ihrem Spürsinn an den Menschen, der sich zunehmend Wünsche erfüllen kann, jedoch von früheren Haltungen und Erfahrungen her noch geprägt ist, Vorsorge zu treffen für schlechtere Zeiten, sparsam zu sein aus Erfahrungsgrundsatz. Mit dem Slogan »Gönn dir was, sei nett zu dir« soll erreicht werden, Über-Ich-Zensuren auszuschalten und die bisher gültige Haltung, daß man sich nicht immer alles und jedes Verlangen erfüllen muß, abzubauen. Die frühere Schulung durch Notsituationen, das Maßhalten und die zuweilen notwendig gewesene Härte gegen sich selbst hatten Verzichthaltungen zum Grundsatz erhoben. Der in vielen Bereichen notwendig gewordene Abbau von Über-Ich-Diktaten soll nun umgemünzt werden zu einem grundsätzlich zensurlosen Gewähren. Der Weisheit, notwendige Begrenzungen zu bejahen, wesensmäßige Maße zu finden, der Erkenntnis, daß nicht alles für uns gut ist, was uns möglich ist, tritt man gedankenlos gegenüber mit dem kindlichen »Warum eigentlich nicht?«. Die Fragestellung als solche ist nicht abzulehnen, wenn man bereit ist, nach Antworten zu suchen. Je weniger die Gegenwart Befriedigungen im Hinblick auf das Menschsein zu bieten vermag, um so mehr werden die mit aller Verführungskunst dargebrachten anderen Befriedigungsmöglichkeiten ergriffen. Den Schein der paradiesischen Wunscherfüllung zu genießen war immer für viele die höchste Befriedigungsvorstellung.

Dabei ist zu beobachten, daß dann, wenn viel Frustration aus der Kindheit oder auch aus der gegenwärtigen Lebensphase nicht verkraftet und nicht umgestaltet werden kann, um so mehr Lust und Verwöhnung gesucht wird.

Früher hat uns der natürliche Rhythmus des Jahres Wechsel und Pausen auferlegt. Heute können wir während des ganzen Jahres frische Gurken, grünen Salat, vielerlei Obst, schon an Weihnachten wieder frische Erdbeeren kaufen. Es ist interessant, zu beobachten, wer sich diese besonders teuren und in der Reifung wie im Geschmack nicht immer befriedigenden Waren kaufen muß. Dasselbe gilt bei der Kleidung. Um einfach und ohne die kleinen Befriedigungen scheinbarer Selbstverwöhnung leben zu können, bedarf es einer Menge an Voraussetzungen.

Der äußere und innere Ablauf früherer Härten und Überforderungen, die notwendige Auflösung des Grundsatzes, daß Lust und Wunscherfüllung grundsätzlich problematisch oder gar gefährlich sind, führen heute in ein neues Extrem, in ein unkontrolliertes Ausmaß an Bedürfnis nach Genüßlichkeit. Es treten aber auch schon regulierende Erkenntnisse in Erscheinung. Die Essens- und Trinkansprüche des heutigen Menschen werden aus den zunehmend bekannt werdenden gesundheitlich notwendigen Regulativen allmählich bewußter beantwortet. Bei Kindern und Jugendlichen wird aber die Erziehung zum Vielessen und zur

Anspruchshaltung im Hinblick auf Essen und Trinken immer wieder damit begründet, daß sie des Wachstums wegen gut im Futter stehen müssen. Eltern finden für alle Verwöhnung irgendwelche rationalen Gründe. »Peter ißt so schlecht und wenig, er ist viel zu dünn.« Daß Peter aber viel zuviel Butter und Wurst und Käse auf dem Brot hat und darum wenig ißt, darauf kommen die Mütter nicht. Hungern macht Appetit!

Viele Mütter haben nicht mehr den Mut, ihrer Familie ein einfaches Essen auf den Tisch zu stellen, weil sie sich schon vor den kritisierenden Bemerkungen ihrer Kinder oder auch ihres Partners fürchten. Sie sind allzu schnell bereit, sich in ihrer Haushaltsführung in Frage stellen zu lassen. Die Leiterin eines Kinderheims, in dem es immer recht gutes Essen gab, erzählte mir einmal, wie sie die allzu anspruchsvollen Äußerungen mancher Kinder übers Essen beantwortet hat. Nachdem sie wochenlang immer nur gutes und reichhaltiges Essen mit mehreren Gängen auf den Tisch gebracht hatte, steigerten sich die Ansprüche und die Kritik zusehends. Daraufhin brachte sie über eine gewisse Zeit mehr einfache, aber wohlschmeckende Gerichte, zuweilen auch ohne Nachspeise auf den Tisch. Dann streute sie von Zeit zu Zeit wieder großzügige Mahlzeiten ein und stellte fest, daß auf diese Weise viel Appetit bei allen Mahlzeiten sichtbar war und die Freude und Zufriedenheit viel größer waren als in der Phase mit ausgesprochen bevorzugtem Essen. Für viele Frauen und Mütter drückt sich über das Füttern immer noch die Zuneigung aus, weshalb sie diese Aufgabe unreflektiert übertreiben.

Der maßvoll Lebende und alle, die nicht dem Rausch des Konsumierens verfallen sind, erfahren wenig Verständnis bei ihren Mitmenschen. Sie werden in unserer Zeit als antiquiert betrachtet. Eine Mitarbeiterin erzählte mir einmal von ihrem Freund und seinem etwas verschwenderischen Lebensstil. Sie hatte selbst das Gefühl, daß hier etwas nicht ganz stimmte. »Herr K. ist eben modern«, meinte sie dann.

Damit erklärte sie sich im Grunde bereit, ihre eigenen Ansichten abzuwerten und zu verdrängen. Modern gilt für viele als grundsätzlich richtig und als Ausrichtungsschema für alle. Einem jungen Mann, der seiner Freundin nicht die Pille zumuten wollte und selbst die Verhütung übernahm durch die Benützung von Kondomen, sagte ein Arzt: »Das ist heute nicht mehr Mode, das ist überholt.« Auf der Welle der auf vielen Gebieten sich vollziehenden und notwendig gewordenen Veränderungen in unserem Jahrhundert und in unserem Kulturkreis wird das Tempo nun so sehr beschleunigt, daß zum Bedenken und kritischen Überprüfen des Neuen keine Zeit mehr bleibt. Unser Verhalten wird dadurch neuen Normzwängen unterworfen. Gesundes Mißtrauen, der kritische Instinkt gegenüber unerprobtem Neuem werden damit allzu schnell überrumpelt, zumal das, was an Neuem angeboten wird, immer in die Richtung der Bequemlichkeit und Wunscherfüllung geht. Dabei muß man nicht immer Fachwissen haben, um etwas beurteilen zu können. Im Gegenteil müssen wir zunehmend feststellen, daß gerade Fachleute so sehr eingeengt sind, in solchem Maße vom Fach her bestimmten Wunschzielen unterliegen, daß gerade im wissenschaftlichen Bereich nicht kritisches Denken, sondern sehr oft Vorurteil und Wunschdenken entscheiden. Daß Atommüll zum Beispiel transportiert, gelagert, überwacht und über Generationen hin als Aufgabe behandelt werden muß und im Rahmen solcher Abläufe auch menschliches Versagen auftreten kann, dies vermag auch der Laie zu beurteilen, unter Umständen viel besser als der Fachmann, der durch seine Zielvorstellungen häufig unsachlich und in vieler Hinsicht blind geworden ist. Auch bei ihm versagen oft die kritischen Ich-Funktionen gegenüber infantilen Wunscherfüllungen in ihrem Fachgebiet.

Hüten wir uns darum vor der Angst, nicht im nötigen Maße modern zu sein. Es gab noch keine Zeit, in der in solchem Ausmaß Lebensbedingungen sich verändert haben und den Menschen selbst verändernde Eingriffe möglich waren. Die Euphorie und die uneingeschränkte naive Lust am Experimentieren muß von einem kritischen und bewußteren Verhalten begleitet werden, das uns ermöglicht, über die Gegenwartswünsche hinauszudenken. Wer Risiken verdrängt, um Unlust oder Unbehagen zu vermeiden, ist weder mutig noch progressiv. Daß der einzelne in seiner Entscheidung heute zuweilen für Generationen mitentscheidet, davon will noch niemand hören. Eine Patientin hatte in einer englischen Fachzeitschrift einiges über Ungeklärtes und Problematisches an der Pille gelesen, vor allem auch im Hinblick auf die nächste Generation der Pillenmütter. Ihre wörtliche Reaktion war: »Zum Glück weiß man es nicht genau. Mein Arzt hat dies auch gesagt. Hauptsache, das Problem ist für mich zunächst einmal gelöst.« In solch infantiler Unbesorgtheit lebt der heutige Mensch. Dies ist auch eine Form der Entmündigung. Der einzelne ist sich seiner Bedeutung überhaupt nicht bewußt. Er will sich auch keineswegs in dieser Bedeutsamkeit sehen, weil er viel lieber in bequemer Weise unbewußt bleiben möchte. Verantwortung ist in infantilen Stadien unerträglich und wird darum nicht wahrgenommen und verdrängt, und zwar nicht allein die Verantwortung gegenüber anderen, sondern auch gegenüber dem eigenen Leben. In diesem Zusammenhang erinnere ich mich an ein Gespräch mit einer meiner Töchter. Da sie zu Hause für die Schule nichts tat und sich dies mit der Zeit in den höheren Klassen in schlechteren Noten bemerkbar machte, sagte ich ihr, daß ich mit ihren Zeugnisnoten ganz und gar nicht zufrieden sei. Wenn sie tatsächlich trotz großer Anstrengung nicht mehr zuwege bringen könnte, würde ich ihre Noten akzeptieren. Bei ihrem Mangel an Bemühung und meinem Wissen darum, daß sie mehr könne, müßten wir aber nun überlegen, was zu tun sei. Als sie ihre freien Nachmittage dahinschwinden sah, an denen sie sich mit viel Lust und Freude auf sehr vielen Gebieten betätigte, jedoch eben nichts für die Schule verrichtete, meinte sie aus tiefster Überzeugung: »Du täuschst dich in meinem Fall. Ich bin nicht so begabt.« Damals in der Pubertät zog sie das Dummsein vor, um sich vor Lustverzicht zu schützen.

Je kürzer der Spannungsbogen ist, das heißt die Fähigkeit, partielle Unlust zu ertragen, Befriedigungsaufschub auszuhalten, um so infantiler, undifferenzierter läuft das Leben ab. Wenn viele innerhalb eines Kollektivs davon geprägt sind, gibt es nur Lösungen für den Augenblick und vor allem keine Verantwortlichkeit mehr für das, was daraus entsteht. Das Hier und Jetzt bleibt isoliert und losgelöst aus dem Bezug zu dem Woher und Wohin. Auch Politik wird dann auf diese Weise betrieben, wobei Politiker und ihre Wähler sich gegenseitig zu dieser Haltung stimulieren. »Warum soll ich eigentlich nicht stehlen und mir die Gelder für meine Wünsche beschaffen, wo es doch in unserer Gesellschaft üblich ist, daß genommen wird, wo es nur geht?« fragte mich ein jugendlicher Patient. Er brachte eine groß angelegte und durchdachte Beweisführung. Dabei standen ihm ungezählte Beispiele von unseren Politikern und Parlamentariern zur Verfügung, die er alle erzählen konnte. Er sprach erbittert von ihrer unkontrollierten Narrenfreiheit, davon, wie sie sich selbst legalisieren und sich nehmen, was sie wollen. Dann erzählte er von seinem Professor an der Technischen Hochschule, der primär für seine Privateinkünfte arbeite und keine Zeit habe für die pädagogische Aufgabe, für die er bezahlt wird. Er wußte eine Menge von Gewerkschaftsführern, über die er besonders empört war, weil sie vorgäben, dem Arbeiter und dem Schwächeren beizustehen, in Wirklichkeit ihn aber als Mittel zur Macht benützten und ihn auch noch finanziell ausbeuteten. »Solange das Vorstandsmitglied der I.G. Metall monatlich DM 99 000 verdient, stehle ich.« (Es handelt sich hier um keinen Druckfehler. Der junge Mann berief sich auf einen Artikel in der Zeitschrift »Wirtschaftswoche« Nr. 19, Jahrgang 1973, und konnte aus den dort genannten Daten die jetzige Verdiensthöhe errechnen.) »Und das erhält er ohne jedes Risiko, das die Kapitalisten immerhin doch aufbringen.« Dann kam er auf die Kirchenfürsten zu sprechen, die den Menschen in seiner Gläubigkeit verdummten und ihre Macht darauf aufbauten. »Und alle geben vor, sich für etwas Gutes zu engagieren. Ich glaube, manche von ihnen glauben das selbst, ohne ihren Selbstbetrug zu erkennen, so verlogen sind sie.« Ich sah an seinem zitternden Leib, wie tief er litt. Aus all seinen Reaktionen konnte ich seine Erregung erfühlen und sein bis ins Innerste hinein gehendes Getroffensein und Verletztsein erkennen. Mir wurde klar, wieviel ihm angetan worden sein mußte, wie sehr er lieben wollte und doch niemanden gefunden hatte, der zu lieben war. Er hatte kein Leitbild finden können, niemanden, mit dem eine Identifikation möglich gewesen wäre, nachdem sein Vater ihn nur abgelehnt und geplagt und seine Mutter ihn verlassen hatte. Nun gehörte er zu dem Heer der Leitbildlosen unter den jungen Menschen, zu den Enttäuschten, die immer nur das in der Welt sehen, was ihre Enttäuschung, ihre negative Erfahrung bestätigt. Da er ein stark erlebnisfähiges Kind war, vermochten die negativ verlaufende Kindheit, die verletzenden Erlebnisse mit den Beziehungspersonen viel grundsätzlichere und tiefere Störungen hervorzurufen als dies bei Unsensiblen, weniger Liebesbegabten der Fall gewesen wäre. Er machte aus seinem Leiden keine Ideologie, brachte es in keine Heilslehre ein. Auch nach Rache suchte er nicht, und es gelüstete ihn nicht nach Radau, Aggression und Morden. Er suchte für sich als Einzelgänger eine Lösung, suchte Wege, sich schadlos zu halten durch neurotische Symptomatik.

Ich übernahm in dieser Behandlung lange die Rolle des Zuhörens und Schweigens, begleitet von starkem Mitfühlen und Miterleben innerer Not. In solcher Therapie von Moral und Gewissen zu reden wäre reiner Unsinn, würde den Heilungsprozeß gravierend stören. Diebe wissen vom Bewußtsein her immer, daß sie nicht stehlen sollen, daß es wider die Regel in unserem Zusammenleben ist. Aber sie tun es. Auch mein Hund weiß, daß er das Stück Fleisch nicht vom Küchentisch nehmen darf. Das Wissen um einen Sachverhalt besagt noch gar nichts. Bloßes Wissen führt noch nicht zu Entscheidungen. Was wären wir alle für prächtige Menschen, wenn wir immer nach unserem besseren Wissen handeln würden! Aber wir tun es alle nicht, bestenfalls manchmal.

Jener Student, der sich als nächtlicher Einbrecher schadlos halten wollte, um auf diese Weise Wunschbefriedigungen zu erreichen, wußte um sein verbotenes und kriminelles Tun. Seine Reden waren im Grunde eine Entschuldigung und der Versuch einer Rechtfertigung gegenüber einer unbewußt empfundenen Anklage, die in ihm selbst stattfand. Die gut ausgeprägte Intelligenz dieses jungen Mannes konnte ihn nicht vor seinen Gefährdungen bewahren, konnte keine Lösung seiner inneren Nöte finden. Seine immer wieder durchschlagenden Wünsche nach Haben-Müssen ließen sich nicht durch Vernunft regulieren. Das wußte ich wohl. Auch wenn er erwischt worden wäre, hätte dies nur zu mehr Vorsicht bei der Durchführung geführt, jedoch nicht zu einer Änderung seiner Haltung und seiner affektiven Bedürfnisse. Die Verletzung durch seine ersten Beziehungspersonen, Vater und Mutter, hatte seine Sozialisation verhindert. Darum konnte er weder denken noch fühlen, daß das Unrechttun der andern uns nicht entschuldigt, auch dann nicht, wenn dies eine weitverbreitete Verhaltensweise ist. Er kannte nicht das Erlebnis, zu denen gehören zu wollen, die nicht am andern Unrecht verüben. Daß auch auf dieser Ebene Befriedigung erlebt werden kann, war ihm nicht deutlich. Für ihn galt die Regel: »Der eine betrügt mehr, der andere etwas weniger. Das ist der einzige Unterschied.« So lautete seine wörtliche Definition. »Die einen finden raffinierte Wege zur Schein-Legitimation, die andern nicht.« In einer anderen Sitzung kam die Äußerung: »Den Mangel an Mut zum Schlechtsein haben nur die kleinen, braven Leute, die mit ihrem andressierten Über-Ich im Schach gehalten werden. Alle andern betrügen und gaunern frisch drauf los.« Während seiner Analyse – er war wegen Lern- und Kontaktstörungen in Behandlung gekommen, seine kriminellen Handlungen waren noch nicht bekannt geworden – erlebte er mit der Zeit das, was er noch nie erlebt hatte, daß ihn jemand verstand, mit ihm fühlte, ihn annahm, wie er war, ohne Vorhaltungen, ohne Verurteilung. Es war seine erste soziale Kontaktnahme, die wirklich vollzogen wurde. Über viele Monate hin lauerte er nur darauf, wieder enttäuscht, sitzengelassen oder ausgestoßen zu werden. Lange Zeit hatte er buchstäblich Angst davor, scheue, fast kindhafte Gefühle der Zuneigung für die Analytikerin zu entwickeln. Mit der Zeit wagte er jedoch, die Sympathie von diesem Gegenüber anzunehmen und auch selbst darauf zu reagieren, ohne sich dagegen ständig zu wehren.

Wir hatten sehr lange Zeit nicht mehr über die Diebstähle gesprochen und kamen über einen Traum wieder darauf zurück. Er war schon dabei, wie früher zu seinen Rationalisierungen anzusetzen, von den andern zu reden, als er plötzlich damit aufhörte und stumm dasaß. Dann sah ich eine leichte Röte vom Hals her bei ihm aufsteigen. Er war nun soweit, daß er Schamgefühl entwickeln, überhaupt etwas fühlen konnte, was ihn betraf und zugleich mit dem andern, dem Du, zusammenhing. Über das Erlebnis gegenseitiger Zuneigung kam er zu dem gesunden und normalen Wunsch, von dem andern, dem geliebten Menschen anerkannt, ernst genommen und ohne Einschränkung als normal betrachtet zu werden. Lieben ist mehr als die Befriedigung von Genußbedürfnissen.

Bei diesem Beispiel muß ich im Hinblick auf die in vielen Kreisen verbreitete Sentimentalität und Pseudopsychologisierung darauf hinweisen, daß nicht jeder Kriminelle analysierbar ist, nicht jeder seine Sozialisierung nachzuholen vermag und das Mitgefühl mit der Tragik des Einzelschicksals den Schutz der Allgemeinheit nicht reduzieren darf. Mit diesem Beispiel soll nur gezeigt werden, daß erst über eine entwickelte Gefühlsfunktion, durch das Glücksgefühl, geliebt zu werden und lieben zu dürfen, eine Differenzierung stattfinden kann, die dem heutigen Menschen ermöglicht, echte Bedürfnisse und tiefer verankerte Anliegen von Scheinbefriedigungen und Ersatzwerten zu unterscheiden. Oft habe ich in Analysen erlebt, daß Analysanden eines Tages mitteilten, von ihren früheren Kaufzwängen sich befreit zu fühlen. Eine Patientin erzählte, als ein guter Teil ihrer Behandlung schon vollzogen war, daß sie früher jede Woche in die Stadt fahren mußte, um viel einzukaufen, meist Dinge, die sie im Grunde nicht brauchte und die ihr auch zur Last wurden. Dies wurde ihr jedoch erst jetzt bewußt. Auch das Bedürfnis, sich durch Kleidung und anderen Komfort selbst zu stützen, und die Formen äußerlicher und materieller Demonstrationen hören auf, wenn solche Menschen sich tatsächlich um sich kümmern und in ganz anderer Weise zu sich und ihren verborgenen tiefergründigen Bedürfnissen stehen lernen. Das Vordergründige wird belangloser und erfährt einen anderen Stellenwert, wenn man zum Hintergründigen durchdringt. Angebote für Lusterlebnisse, die im Bezug zur äußeren Welt stehen, bietet unser Kulturkreis in Hülle und Fülle, während die immateriellen, jedoch ebenso grundsätzlichen Anliegen von uns allen kaum angesprochen werden. Der Begriff der Lebensqualität wird allzu vordergründig und oberflächlich gehandhabt. Hilfen zu beglückender Lebenserfüllung können nicht allein im Bereich des Genusses gegeben werden.

Die Wirklichkeit annehmen heißt bewußter leben

Wenn die Alten aus ihrer Kindheit, von ihrem »Früher« erzählten und uns die Lebensweisen und Lebensbedingungen des vergangenen Jahrhunderts dabei vor Augen führten, gab es bei den Enkeln und Großenkeln Staunen und Verwundern darüber, wie wenig das damalige Leben dem einzelnen bot und wie viel es ihm abverlangte. Da wanderte der Urgroßvater mit seinen sechs Enkeln zum zwölf Kilometer entfernten Städtchen auf den Jahrmarkt und am Abend wieder zurück, nachdem alle Besorgungen erledigt waren. Der Höhepunkt war die Einkehr in einer Wirtschaft, wo die sechs Enkel zusammen drei rote Würste erhielten als Tagesration bis zur späten Heimkehr am Abend nach den langen Märschen. Das konnte der damalige Schulleiter sich leisten, mehr nicht. Wenn Kinder jemandem geholfen und einem Erwachsenen eine Gefälligkeit erwiesen hatten, erhielten sie als Dank ein Stück trockenes Brot. Sofern Marmelade darauf war, handelte es sich schon um eine üppige und unerwartete Dankesgabe. Um die drei Ostereier bei der Tante zu erhalten, gingen die Kinder mehrere Kilometer zu Fuß und auch wieder zurück. Sie fühlten sich dennoch beschenkt, weil Eier nichts Alltägliches waren, und zu Fuß zu gehen war auch kein Unglück. Arbeiter vom Land hatten in Wind und Wetter in unzulänglicher Bekleidung täglich mehrere Kilometer Weg zurückzulegen, ehe sie um sechs Uhr mit der Arbeit begannen. Der Heimweg nach zwölfstündiger Arbeit war nicht kürzer. Wenn ich auf die Taste meiner Waschmaschine drücke, denke ich manchmal an die mühseligen Waschtage der Frauen in meiner frühen Kindheit. Wie sie in ihren Waschküchen den ganzen Tag im Dampf standen, schwitzten und zum Aufhängen dann hinaus in die Kälte mußten, wie sie die schweren, großen, nassen Wäschestücke rieben und wanden, sich zwischendurch die Hände in die Hüften stützten und sich den Rücken massierten. Ganz wenige waren es, die sich eine Waschfrau leisten konnten, die auch nur ein paar Mark für die harte Tagesarbeit und dazu Verpflegung erhielt. Eine solche Waschfrau erzählte mir einmal, daß sie jahraus, jahrein an allen Waschtagen immer nur Sauerkraut und Bauchspeck zu essen erhalte mit dem Ergebnis, daß ihr Magen und ihre Galle streikten. Kraut konnte man eben schon vor den Waschtagen kochen. Es war nicht teuer, weil man es selbst eingestampft hatte. Der Bauchspeck war auch erschwinglich. Dabei war es nicht immer Geiz von den Hausfrauen, viel eher Gedankenlosigkeit und die Tatsache, daß sie auch nicht viel hatten. Zu jenen Zeiten gab es nur ganz wenige Menschen, die all das besaßen, was heute jedem in unserem Kulturbereich selbstverständlich ist. Dies gilt selbst dann, wenn wir alles weglassen, was Südfrüchte und Produkte der Einfuhr oder Ergebnisse fortgeschrittener Technik sind. Heute lebt der Durchschnittsmensch mit mehr Komfort und Überfluß, als ihn viele Fürsten und Könige zur Verfügung hatten. Auch an den Höfen herrschte nicht immer und überall Üppigkeit und Verschwendung. Von einem österreichischen Kronprinzen, der später Kaiser wurde, ist bekannt, daß er sich eine gefährliche Erkältung mit anschließender Lungenentzündung zuzog, weil er bei kaltem Wetter stillstehen und die Parade von Truppen abnehmen mußte und dabei keinen Mantel anhatte. Wie er seiner Vertrauten später erzählte, hatte er die neue Uniform schonen wollen, damit die goldenen Tressen und Schnüre nicht gleich wieder abgeschabt würden durch das Tragen des Mantels. Dieser Monarch hatte auch in seiner Regierungszeit die Angewohnheit, von Schriftstücken das nicht beschriebene Papier abzuschneiden, um es als Notizzettel zu verwenden.

Die Rückschau in die Vergangenheit ist heutzutage nicht beliebt. Man will nicht von der Mühsal des früheren Arbeitens und der Kargheit des einstigen Lebens hören, nichts von den harten, zu Sparsamkeit und Verzicht zwingenden Lebensumständen. Es scheint so, als wollten wir das Wenige, das an Härte oder Mühsal verblieben ist, als Alibi dafür benützen, immer mehr an Entlastung und Genuß zu beanspruchen. Wir meiden die Rückschau auf die Vergangenheit in solch konsequenter Weise, daß man sich die Frage stellen muß, was uns daran wohl ängstigt. Oft erscheint das Verhalten mancher Zeitgenossen so, als ob sie ihrem eigenen Wohlstandsleben gegenüber Schuldgefühle entwickeln müßten im Vergleich mit ihren Vorfahren. Dieses Unbehagen im Wohlergehen bezieht sich nicht auf das lustvolle Erleben an sich, ist keine Ablehnung gegenüber dem Genuß als solchem, vielmehr resultieren solche unbewußten Reaktionen aus dem verdrängten Wissen darum, daß wir mit den äußeren Möglichkeiten unseres Lebens noch nicht umzugehen vermögen, noch keine sinnvolle Steuerung all unserer Chancen erlernt haben. Warum wird nur noch selten und in ganz wenigen Familien davon berichtet, wie es früher war, wie man damals lebte, als die Brezel drei Pfennige kostete, jedoch nur ganz wenige sie sich leisten konnten? Zweifellos würden wir dann vieles mit mehr Freude wahrnehmen, könnten all das, was wir an materiellem Reichtum besitzen und täglich genießen, mit mehr Bewußtsein und auch mit einem Gefühl der Dankbarkeit und der Freude erleben. Dies gelingt nur wenigen, eben denen, die mit all dem, was uns die Wohlstandsgesellschaft beschert hat, bewußter umgehen. Es bedeutet ein inneres Mitwachsen, so daß keine Mißverhältnisse entstehen. Zur Gier nach immer noch mehr Haben und noch mehr Entlastung und noch genußvollerem Leben wurde diese äußere Entwicklung bei denen, die alle Lebensfreude und Lebenssinn über diese äußere Welt und ihre Möglichkeiten realisieren zu können glauben. Die Rückschau auf die Vergangenheit und das Lernen aus dem Vergangenen wurde abgelöst durch den Vorwärtswahn. Rückschau muß gemieden werden, denn sie würde zu Einsichten zwingen und regulierend wirken. Im Rausch des Progressionswahns läßt sich viel Wirklichkeit verleugnen, lassen sich Tatsachen übergehen. Wer jedoch ganz ohne seine Vergangenheit leben will, baut in die Luft. Er verliert sich ins Illusionäre.

»Nach uns die Sintflut«

Die Natur hat es so eingerichtet, daß Negatives sehr bald vergessen wird und dem Unbewußten anheimfällt. Das bedeutet jedoch nicht, daß es keine Spuren hinterläßt und von uns abgeschnitten werden kann, als wäre es nicht gewesen. Auch das Schwierige und unser Leid gehören zu uns, sind in uns und haben uns geprägt. Es ist nicht zu unserem Nachteil, wenn wir es richtig bestanden haben. Die Härte und Not vergangener Generationen, die Wehen von Kriegen und Nachkriegszeiten, die materiellen Armseligkeiten früheren Lebens und früherer Menschen sind noch nicht überwunden. Sie wirken in uns nach, ohne daß wir uns dessen bewußt sind. Der große Rang, der dem Haben zukommt, hat viele Hintergründe. Einer davon ist auch die noch nicht bewältigte materielle Not und existentielle Bedrohung durch äußeres Elend in vergangenen Zeiten. Wenn sich heute viele nach dem Prinzip »Nach uns die Sintflut« verhalten, einem Ausspruch, der der Marquise de Pompadour (1721-1764) nachgesagt wird, müssen wir fragen: Was steckt dahinter? Sind wir heute unserem Wohlstand ebensowenig gewachsen wie jene französische Dame am Hofe Ludwigs XV. dem ihren.

Hinter vielen Übertreibungen und der Zerstörung von Maß setzenden Sinnzusammenhängen steckt verdrängte Angst. Für viele ist das Mittel der Angstabwehr die Flucht nach vorn. Entgegen bewußten Erklärungen trauen viele Menschen unbewußt nicht der Dauer des Wohlstandes. Die unbewußte Angst, es könnte über Nacht wieder anders werden, das Leben im Überfluß könnte nur ein vorübergehender Traum sein, steckt uneingestandenermaßen in vielen. Solche Ängste sind nicht nur alte Kindheitsängste, sondern darüber hinaus auch von der Wirklichkeit her begründet, wie sich inzwischen immer deutlicher zeigt. Zweifellos disponieren erlebte Kindheitsängste zu mehr und allgemeiner Ängstlichkeit. Damit läßt sich jedoch nicht jede

Beunruhigung und Sorge wegpsychologisieren, denn das wäre auch eine Form von Abwehr gegenüber den Gesetzen der Wirklichkeit. Die Erfahrungen der Menschheit mit Not und Elend können nicht einfach übersprungen und die vorhandene Problematik auch im Hinblick auf unsere Zukunft darf nicht übersehen werden. Wer wie die Marquise de Pompadour sagt: »Nach uns die Sintflut«, trägt diese schon in sich selbst, ist schon ein ausführender und zerstörender Teil dieser Ungeheuerlichkeit und Maßlosigkeit, ist selbst die Destruktion.

Das Realitätsprinzip

Der Weg über die Abwehrmechanismen gegenüber der Wirklichkeit – wir sprachen von der Verdrängung, von der Überreaktion – führt zu lebensfeindlichem Verhalten, selbst wenn dies unter vordergründigem Genuß geschieht. Wirklichkeitsverleugnung ist gefährlich. Es ist ein beliebt gewordenes Vorgehen, durch Psychologisierung anstehende Probleme abzutun: Wer sich um die Zukunft sorgt, ist von seinen Kindheitsängsten besetzt. Wer sich selbst Grenzen auferlegen zu müssen glaubt, hat Zwänge. Wer in solcher Weise Psychologie mißbraucht und gar noch glaubt, damit Probleme zu lösen, hat nur einen rationalisierenden Abwehrmechanismus aufgebaut. Es gibt viele Arten, sich um die anstehenden Probleme zu drücken. Zum Beispiel sind das große Bedürfnis nach Haben-Müssen, das gewaltige Verlangen nach oraler Befriedigung, das sich in Süchten und beim Labilen und Kranken in suchtähnlichen Maßlosigkeiten kundtut, Versuche, über Symptombildung einen Balance-Akt zu finden, ohne sich einer dahinterstehenden Angst stellen zu müssen, das heißt sich mit der Wirklichkeit auseinanderzusetzen. Wer die Wahrheit, die Realität nicht auszuhalten vermag, regrediert in frühere Stadien, um dem zu schwierig Erscheinenden der Gegenwart oder auch der

Zukunft nicht begegnen zu müssen. Im Umgang mit neurotischen Kranken wurde darum früh erkannt, daß sie schwierige Lebenssituationen mit infantilen Reaktionsweisen beantworten, das heißt bei Angst die Regression wählen. Das bedeutet ein Zurückkehren auf eine frühere, meist kindliche Entwicklungsstufe, weil die Spannungen der Realität nicht ausgehalten werden können und keine sinnvolle Bewältigung der anstehenden Probleme geleistet zu werden vermag. Freud prägte dadurch die Begriffe Lustprinzip und Realitätsprinzip, weil er die dazugehörigen Verhaltensweisen in der diagnostischen wie auch in der therapeutischen Arbeit erkannt hatte. Es ist für unser Leben von weitreichender Bedeutung, wie weit wir Realität wahrzunehmen, die damit verbundene Erregung und häufig auch Kränkung und Desillusionierung auszuhalten vermögen, ohne in Fluchtreaktionen überzugehen. Das Leben nach dem Lust*prinzip* ist darum infantiles Verhalten, weil damit verbunden ist, sich den Konflikten und Aufgaben zu entziehen. Die Negation der Wirklichkeit ist immer auch Flucht in eine Scheinwelt, ist die Suche nach einer Lustgewinn bringenden Lüge.

Nun ist gegen Lust als solche und gegen ein lustvolles Leben überhaupt nichts einzuwenden. Ein Mensch ohne Lustsuche oder mit Lustangst ist tief beeinträchtigt. Gegen Lebenslügen und Verdrängungen könnte auch nichts eingewendet werden, würden dadurch nicht positive Entwicklungen für denjenigen selbst wie auch für die Menschen seiner Umwelt behindert. Positive Lebenshilfe für andere ist dann nicht möglich. Der Grad der Negation der Wirklichkeit entscheidet auch über das Auftreten von Krankheit. Wenn die Verleugnung von wesentlichen Bereichen der Realität von der Allgemeinheit vollzogen wird, erkrankt die ganze Gruppe: die Familie, die Sippe, auch Völker. Je mehr Lebenslüge, Verdrehung der Wirklichkeit und häufig damit verbunden Illusionierung, um so größer ist die Unfähigkeit zur Lebensgestaltung, um so geringer ist die Aussage eines

Lebens. Bei vitalen und agierenden Persönlichkeiten ist dann auch die destruktive Hinterlassenschaft um so größer.

Um Mißverständnissen vorzubeugen, muß ausdrücklich gesagt werden, daß wir alle unsere Mühe und Not haben, unsere jeweilige innere und äußere Wirklichkeit zu verkraften, auch wenn dies dem einzelnen häufig nicht bewußt ist. Wer könnte sich hier ausschließen? Wer das wollte, bewiese geradezu, daß er sich selbst täuscht, seine Probleme nicht wahrhaben will. Wem fällt es nicht schwer, in unserer heutigen Welt bis hinein in den banalen Alltag sich selbst wie auch den Nächsten gegenüber immer realitätsgerecht zu leben? Leben vollzieht sich in Antinomien, und Leben ohne Konflikt gibt es darum nicht. Dies ist eine elementare Tatsache, die uns alle angeht. Die Antinomie ist in uns selbst, weil wir in unserem Innern die Gegensätze selbst tragen. *Wir sind die Gegensätze*, mit denen wir umzugehen lernen müssen. Lebenshilfe ist darum nicht Tröstung im Sinne von Verharmlosung und Wegwischen. Wer uns hilft, erkennen zu lernen und dann zu üben, mit dem Erkannten umzugehen, hilft wirklich.

Auch der als Widerspruch erlebte Gegensatz zwischen Lustprinzip und Realitätsprinzip ist etwas Grundsätzliches in uns. Der gesunde Mensch hat das Verlangen nach beidem, wobei in den frühen Lebensphasen das Lustprinzip und das Ausweichen vor Konfliktsituationen vorherrschen. Hunde, Pferde, Kleinkinder wissen oft sehr wohl, was zu tun verlangt wird, kennen das Verbot ganz klar, sind jedoch in frühen Phasen noch in solchem Maße vom Lustverlangen geprägt und besetzt, und die Gegenkräfte sind erst in solch geringem Maße entwickelt, daß keine Wahl bleibt. Das Lustprinzip waltet als Macht, wenn noch keine ordnende, Ausgleich schaffende und Stellung nehmende Ich-Instanz ausgereift ist. Nur bei lern- und entwicklungsfähigen Tieren wie auch beim sich weiterentwickelnden Menschen wird das Stadium der Wahl, die Möglichkeit der Entscheidung erreicht. Bei Tieren und Kleinkindern ist deutlich zu erkennen, wie dieser Entwicklungsschritt, diese echte Leistung auch mit Genugtuung und einer neuen Art von Lustgewinn erlebt wird. Es ist darum ein interessantes Thema, bei sich selbst festzustellen, wo man das Stadium der Wahl erreicht hat und wo nicht. Täuschen wir uns nicht darüber, daß wir es in vielen Bereichen nicht schaffen, auch wenn dies zu wissen für uns eine narzißtische Kränkung bedeutet. Um mit uns selbst ehrlicher zu werden, um in unserem persönlichen Leben das uns beherrschende Lustprinzip entdecken zu können, müssen wir einen wesentlichen psychologischen Tatbestand erfassen lernen, nämlich den Prozeß der Rationalisierung. Wir finden immer beeindruckende Begründungen und zuweilen nicht nur sachliche, sondern auch ethisch wertvolle Motive, um das zu rechtfertigen, was wir um der zu erwartenden Lust willen wollen, jedoch um eines anderen, bedeutsameren Zieles willen lassen sollten. Dabei geht es nicht darum, daß wir nicht wollen dürfen, daß wir unsere Impulse zu all dem, was uns im Augenblick Spaß und Genuß bringen würde, ablehnen und verachten müßten. Wir würden damit unser Menschsein verleugnen und uns zu einem Pseudo-Heiligen karikieren. Und wer würde uns schon glauben? Mit vollem Recht begegnen wir denen, die vorgeben, ohne Konflikte zu sein, immer alles richtig zu wissen oder gar auch zu tun, mit tiefem Mißtrauen. Solche Menschen werden auch nicht geliebt. Ihre Selbsttäuschung, ihre allzu große Sicherheit und ihr Nicht-wissen-Wollen um die Problematik des Menschseins, ihre Unfähigkeit zum Leiden, ihre Verweigerung der eigenen Wirklichkeit, all das wirkt abstoßend und provoziert Distanz. Darum sind uns die vom Konflikt und vom Leid Gezeichneten viel näher. Sie sprechen etwas in uns an, was wir auch kennen, was wirkliches Leben ist. Wer sich jedoch im Gewand des Edlen und Heiligen sieht, wird beunruhigt durch Menschen, die sich nicht heiliger geben als sie sind, die zur Problematik ihres Menschseins stehen. Wenn ich um meine eigene Unvollkommenheit, meine persönliche Problematik nicht weiß, wenn ich dieser Wahrheit davonlaufe, werde ich durch jeden irritiert und geängstigt, der wahrhaftiger ist als ich. Es geht hier nicht um das Kokettieren mit eigenen Schwächen und Unfähigkeiten, das auch Mode geworden ist im Zuge der psychologischen Aufklärung. Solange wir unsere Unzulänglichkeiten streicheln und geistreichelnd oder psychologisierend kleinreden und dafür nichts als entschuldigendes Verständnis haben, vollzieht sich keine Selbsterkenntnis, geschweige denn zunehmendes Menschsein. Es verändert sich nichts in uns ohne erleidendes, schmerzliches Durchleben. Die Dichter können darum mit Recht sagen, daß unser Leiden unser Reichtum ist. Sie wußten dies längst vor aller Psychologie. Hier muß hinzugefügt werden, daß dies nur in der Rückschau so formuliert werden kann, nicht im Leidensvollzug, denn sonst würde Leiden ins Genüßliche pervertieren und damit seinen Sinn verlieren.

Es geht also darum, das Teilchen Kleinkind in uns zu entdecken, von dem wir alle mehr oder weniger große Anteile in uns tragen. Diese Formulierung ruft sicher in vielen Widerstand oder entsprechende Gegenreaktionen hervor, weil wir es als Kränkung unserer Eigenliebe erleben, wenn wir zugeben müssen, partiell uns auf der Stufe des Kleinkindes zu befinden. Je mehr kleinkindhaft wir sind, um so größer die Abwehrhaltung, um so mehr muß verteidigt werden. Es ist auch ganz verständlich, daß wir bei solchen Entdeckungen in uns selbst und an unserem Verhalten uns schämen und betroffen sind. Wen dies unberührt läßt und wer solche Feststellungen hinnehmen kann wie banale Selbstverständlichkeiten, hat eine ganz raffinierte Art von Abwehr aufgebaut, die ihn unfähig macht zum Erlebnis seiner selbst. Dies darf aber wieder nicht mit der für unser Leben notwendigen Selbstannahme und dem Vertrauen in uns selbst verwechselt werden.

Identität und Entwicklung

Um zu einer Übereinstimmung mit uns selbst zu kommen und damit wir überhaupt unser Ich in einer gewissen Kontinuität erfahren und mit uns selbst und dem, was wir sind in unserer Art und wie wir geworden sind, umgehen können, müssen wir uns selbst suchen. Fragen, was Bleibendes an uns ist, was unser Eigenes ist, sich selbst immer wieder in seiner eigenen Geschichte verstehen lernen, sich darin selbst wiederfinden und sich in den Zusammenhängen mit dem jeweiligen Feld immer neu entdecken und begreifen, all das gehört zur Suche nach unserer Identität. Erikson hat diesen Begriff in die Tiefenpsychologie eingeführt, und Horst Eberhard Richter meint, daß er uns darum alle in solchem Maße bewegt, weil es recht schwierig ist, ein Bestehendes in uns zu finden, auf das wir immer zurückgreifen können. Er will den Begriff der Identität prognostisch verstehen und für das zukünftige Verhalten und Reagieren eines Menschen anwenden. Dies dürfte schwierig sein, weil im menschlichen Reaktionsbereich immer eine Vielfalt von Möglichkeiten potentiell vorhanden ist. Ich verstehe Identität als ein Erlebnis der Rückschau, des Verstehens von Gelebtem und dem daraus resultierenden Selbstverständnis. Ich selbst kann mich immer nur erkennen und zu mir selbst kommen im Hinblick auf das Gewesene, Erlebte, auf erfolgte Reaktionen und Handlungen. Weder im Vollzug des Gegenwärtigen noch im Hinblick auf Zukünftiges als Feststehendes und zuverlässig Geprägtes vermag man sich selbst zu erfassen, weil jeder gegenwärtige neue Vollzug nicht nur vergangenheitsbestimmt ist, sondern auch schon neue, erweiterte Identität entstehen lassen kann. Das vorhandene bisherige Schema, die entwickelte Struktur kann sich verschieden äußern und ist psychologisch nur teilweise determiniert. Beim Menschen ist immer alles offen, was sich noch nicht ereignet hat. Wie ich selbst als Mutter oder Vater sein werde, kann ganz anders sein, als ich es aus der Situation des

Sohn- oder Tochter-Seins heraus mir vorstelle. Was ich für ein Chef sein werde, ist völlig offen, solange ich noch in den Reihen der Nicht-Chefs stehe. Mein Verhalten im Reichtum kann in keiner Weise vorausgesagt werden, solange ich noch in der Armut lebe. Die Engländer wußten um die veränderten Reaktionsweisen des Menschen und haben dies auch politisch gezielt angewandt. Sie haben die Arbeiterführer, wenn sie allzu mächtig oder gefährlich wurden, ganz einfach geadelt. Damit kamen diese in Identitätsprobleme. Parteipolitiker, die als junge Menschen stets wider die Macht, wider den Staat, wider die Autorität anliefen und dadurch in die Rolle des großen Bruders gerieten, der seine Hauptaufgabe darin sieht, gegen die Vater-Autorität anzugehen, geraten in große Schwierigkeiten, wenn sie selbst den Vater ablösen sollen. Sie sind häufig nicht imstande, sich in der neuen Rolle und Aufgabenstellung zurechtzufinden. Oft werden darin nur in äußerlich abgewandelter Form die Prinzipien der vorangegangenen Autorität fortgesetzt. Das heißt, Grundeinstellungen zwischen Führenden und Geführten haben sich dann nicht geändert, bestenfalls die äußeren Formen.

Die Entwicklung zu reiferem Lusterleben und entsprechendem Verhalten ist im Verlauf der Entwicklung vom Kind über den Jugendlichen zum erwachsenen Menschen zu beobachten. Die Antwort auf Wirklichkeit, das Verkraften von Realität ist in den verschiedenen Stufen recht unterschiedlich. Das Maß an Belastbarkeit nimmt langsam zu. Die Art unseres Lustfindens und die Wandlung im Erlebensbereich wird jedoch auch dadurch bestimmt, welchen Aufgaben und Zielen wir uns zugehörig fühlen. Wenn ich in für mich neue Bereiche hineingestellt werde, erfordert dies meist auch ein verändertes Befriedigungserlebnis. Die Rolle, in der wir agieren, ist häufig mit einem sozialen Status verbunden und bestimmt meist die Art unseres Lusterlebens mit. Dabei ist natürlich nicht von der Hand zu weisen, daß viele ihre Rolle auch danach suchen, wie es ihre Fähigkeit,

Befriedigungserlebnisse zu finden, zuläßt. Ich kann zum Beispiel oppositionelle Rollen und Aufgaben über längere Zeit nur dann übernehmen, wenn in mir hierzu auch die notwendigen Voraussetzungen sind. Sofern ich das ersehnte Ziel erreiche, erfordert dies auch ein entsprechendes Verändern in mir selbst. Wenn ich zum Beispiel dann eine Autorität vertreten und repräsentieren muß, kann ich nicht zugleich gegen sie angehen, sie innerlich ablehnen. Nun beginnt das große Bewähren, nämlich die neue Rolle zu gestalten, eben eine andere als ich bisher hatte. In der Politik kommt es aber vor, daß die Söhne, wenn sie an die Macht kommen, ihre Sohneshaltung fortsetzen und nicht in eine neue Vaterrolle hineinwachsen. Sie pflegen dann die einstigen Verhaltensweisen beizubehalten, indem sie sich gegen den Staat stellen, den sie doch nun vertreten und um des Ganzen willen schützen sollten. Sie haben Angst vor der Macht, die sie nun ergreifen und in kreativer Weise neu anzuwenden lernen müßten. Da sie jedoch nicht die unkontrollierte und ungebändigte Machtausübung, sondern die Macht als solche verflucht haben, können sie nun in ihrer neuen Rolle Macht nicht mit mehr Menschlichkeit und mehr Regulativen als bisher handhaben, sondern hoffen auf die Selbstregulierung von irgendwoher. Wenn alle Autorität untergraben wurde und der Unterschied zwischen begründeter und gewachsener Autorität und autoritärem primitivem Machtanspruch nicht gesehen wurde, vermag man in die eigene Autorität nicht hineinzuwachsen. Bei uns in Deutschland war eine ähnliche Situation entstanden, und der damit auch im Zusammenhang stehende Terrorismus war notwendig, um einiges abzuklären.

Wer Angst davor hat, seine Macht zu gebrauchen, Werte zu verteidigen, bleibt nicht in einem neutralen Niemandsland, vielmehr wird er automatisch zum Helfershelfer zerstörender Kräfte. Es gibt nichts dazwischen: Entweder stehen wir auf der Seite des Erhaltens und Schützens, oder wir geben die Bahn frei für die Auflösung und Zerstörung.

Wandel und Evolution, Weiterentwicklung und Neuansätze, Veränderungen von Festgefahrenem, all dies gehört mit auf die Seite der Lebenserhaltung. Die Welt war und wird nie in solchem Maße optimal in Ordnung sein, daß es gerechtfertigt wäre, einen erreichten Status auf ewig zu zementieren. Immer gibt es für jede Zeit und Generation viel zu tun, was großen Einsatz rechtfertigt. Wer glaubt, daß am Bestehenden nichts zu verbessern ist oder um der Erhaltung des Guten willen nicht stetes Wachsein und Offensein notwendig ist, weiß nichts von dem, wie sich Leben vollzieht. Wer jedoch annimmt, daß man bei einem Punkt Null neu beginnen müßte und eine ganz andersartige Welt geboren werden könnte, weiß nichts vom Menschen. Es hat sich nämlich weder im Hinblick auf die Führenden noch im Hinblick auf die Geführten etwas Wesentliches geändert, wenn nur Außenwelt verändert wurde. Wer die Welt ändern will, muß beim Menschen anfangen, und das heißt immer bei sich selbst.

Damit sind wir wieder bei unserem Thema und der Frage, wieweit jeder einzelne Bereitschaft entwickeln kann, Realität auszuhalten und wahrzunehmen, oder in welchem Maße wir vom Leben nach dem Lustprinzip, was immer heißt: nach dem vordergründigen Luststreben im Hier und Jetzt, gelenkt werden. Der Lust-Abhängige ist unfrei, obwohl er glaubt, er habe sich für seinen jeweiligen Genuß selbst entschieden, er lebe in der Freiheit des Ungehemmten. In manchen Cliquen ist es Mode geworden, jegliche Absage an die Hier- und Jetzt-Lust als Hemmung und als in der Kindheit erzwungene Fehlanpassung und Selbstaufgabe zu deklarieren. Diese Täuschung und Rechtfertigung benötigt der Genuß-Sucher, um sich im Augenblick auch jenen Genuß leisten zu können, der seinen Langstreckenzielen und damit anderen Teilen seines Wesens widerspricht, das heißt aber seiner Identität entgegensteht. Freiheit setzt immer Wahl und Entscheidung voraus. Ob ich wirklich entscheide, hängt also davon ab, ob ich auch anders kann.

An diesem Punkt setzt die Selbsttäuschung ein. Der kleine Spielraum der Freiheit – wir sind nicht absolut frei –, der uns jeweils zur Wahl verbleibt, trägt Maßstäbe in sich, die eine Beurteilung zulassen darüber, ob wir gewählt haben oder von anderen, ichferneren Tendenzen gelebt worden sind. Wer in seinem Handeln Teile seiner Identität aufgibt, wer wesentliche Bereiche seines Menschseins in der Hingabe an Lusterlebnisse verletzt, hat nicht selbst gewählt, auch wenn er davon überzeugt ist und logisch klingende Motivationen formulieren kann. Mit der Logik wäre in diesem Bereich auch das Gegenteil zu beweisen. Das Leben läßt uns in manchen Bereichen die eigene Entscheidung darüber, ob wir es in unserem Handeln fördern und entfalten, oder ob wir auf der Seite der Lebensverneinung, der Destruktion von Werten verharren. Beides gilt im Hinblick auf uns selbst, unser eigenes Menschsein als Einzelwesen sowie als soziales Wesen im Hinblick auf die andern. Was wir sind, strahlt immer in die Welt und setzt sich fort, oft über Generationen, ohne daß der einzelne Vater, die Mutter, der Lehrer, der Chef und Kollege, der Freund, der Partner jeweils seine Breitenwirkung ahnt.

Wer in seinen Entscheidungen auf der Seite des Kreativen steht, erlebt mehr Lebenserfüllung, und ihm widerfahren mehr Glückserlebnisse. Dies ist mehr als bloße Lustbefriedigung und reicht immer über den Augenblick hinaus. Diese Tatsache sprach Goethe an, als er sagte, daß alles sich schon auf Erden rächt und im Grund viel mehr Gerechtigkeit waltet als wir immer wissen. Es ist darum kein Grund dafür vorhanden, die andern, die Unfreieren zu verachten und zu bestrafen. Wohl ist es notwendig, sich vor ihnen zu schützen, weil diese negativ wirkenden Kräfte der Auflösung weder in uns selbst noch in einer sozialen Gruppe überhandnehmen dürfen, ohne Gefahr heraufzubeschwören. Das Verständnis für solche negativ wirkenden Menschen darf nicht so weit gehen, daß man sich selbst einschränken oder gar aufgeben muß. Für viele besteht nämlich auch die

Gefahr der Identifikation, weil sie unbewußt oder auch bewußt erkennen, daß in ihnen selbst ebenfalls Möglichkeiten destruktiver Art sind. Entscheidend ist immer, welches Prinzip zum Schwerpunkt wird und das Handeln bestimmt. Der Hochmut derer, die sich allzusehr überlegen und ohne Anfälligkeit dafür fühlen, ist eine Art von Schutzmechanismus und ohne tiefere Erkenntnis.

Ein Gespräch mit Gymnasiasten der Oberstufe über das bei vielen Kindern und Jugendlichen verbreitete Stehlen brachte die Frage auf, warum man eigentlich nicht stehlen soll. Es wurde zwar eingesehen, daß es zu Schwierigkeiten im Zusammenleben führt, wenn jeder dem anderen sein Fahrrad, seine Lederjacke, oder was sonst begehrenswert sein mag, stiehlt, daß man aber in Warenhäusern und in anonymeren Bereichen nichts wegnehmen soll, leuchtete manchen nicht ein. Diese jungen Menschen waren über das Kindheitsverbot hinausgewachsen und durch blinden Gehorsam nicht mehr zu bestimmen. Der nächste Schritt, nämlich das Hinauswachsen über die Verbots- und Gebotshaltung, war jedoch noch nicht vollzogen. Sie konnten sich noch nicht entscheiden, Lustverzicht auf sich zu nehmen, um eben nicht am Destruktiven in der Welt teilzuhaben. Sie waren auf der Suche nach einer Theorie, die ihre ungehemmten Lustansprüche bejahen und rechtfertigen sollte, damit das im Verborgenen wirksame Unbehagen verschwindet. Es ist ein Irrtum, wenn man dieses Unbehagen lediglich auf andressierte moralische Leitlinien zurückführen wollte. Denn es gibt das viel tiefere Anliegen, in einer Weise am Leben teilzuhaben, die konstruktiv und lebensfördernd ist und also nicht das Raubtierhafte in uns kultiviert.

Zweifellos könnte man hier viel Psychologie anbringen. Warum stehlen diese Heranwachsenden? Leiden sie real Mangel an guten und schönen Dingen? Ist es eine Kompensation für Frustrationen auf ganz anderen Ebenen? Was an Verwöhnung haben diese zum Konsumieren provozierten Schüler erfahren, wenn sie die Lösung auf diese direkte und unbehinderte Art suchen? Ist es eine Aktion gegen Autoritäten und Über-Ich-Funktionen? Solche Aktionen haben sie auf ganz andere Weise und in adäquaten Bereichen längst in Gang gesetzt. Soweit sind diese Jugendlichen auch noch nicht neurotisiert oder degeneriert, daß sie nur noch im Haben und im Bereich der Konsum-Lust ihre Probleme aufarbeiten könnten. Manche deklarieren ihre Aktionen später als Mutprobe, als Sport, wozu man sich von den andern verführen ließ. Gibt es so wenige Möglichkeiten für unsere Schüler, mutig zu sein? Sicher ist das Stehlen bei jedem einzelnen anders begründet und läßt sich nicht pauschal erklären. Dennoch ist es ein unerwartetes Phänomen, daß die Wohlstandskinder, wie in vielen Ländern zu beobachten ist, jedoch am allerwenigsten von den Eltern erkannt wird, zunehmend und recht umfangreich stehlen. Da holen sich Mädchen, die schon zehn Lippenstifte und sechs Lidschatten besitzen, noch die Farbe, die ihnen fehlt. Ein Junge mit fünf Feuerzeugen stahl sich das sechste. »Es hatte ein schönes Design«, wurde als Grund vorgegeben.

Eines war tröstlich im Gespräch mit jenen Gymnasiasten, die sich zu ihrem Stehlen bekannten und sich darüber mit mir aussprechen wollten: Sie redeten zwar davon, daß sie keinen Grund wüßten, warum sie sich in einem Warenhaus nicht holen sollten, was ihnen Spaß macht, aber sie suchten noch eine Theorie, eine Idee, die so etwas wie eine Rechtfertigung liefern sollte. Es war deutlich ihr verdrängtes Unbehagen zu erkennen. Das Lusterlebnis beim Stehlen war allzu vordergründig. Die damit verbundene Unlust konnte nicht ausgehalten werden.

Welche zentrale Bedeutung und welchen Rang Lust in unserem Leben hat, was Lustmangel auszulösen vermag, darüber wurden in diesem Buch einige Hinweise gegeben. Daß jedoch auch Unlust und Unbehagen etwas Wesentliches aussagen und biologisch von großer Wichtigkeit sind, muß noch gesagt werden. Wer Unlust zu übergehen lernt – man kann dazu erzogen werden –, verhält sich ähnlich wie jemand, der den Schmerz übergeht, der ja eine entstehende Krankheit signalisiert. Im Psychischen gibt es Signale, die ebenso bedeutsam sind, sich jedoch weniger alarmierend melden. Wenn der Schmerz seine lebenserhaltende Funktion ausübt, meldet er sich mit solcher Dringlichkeit, daß er auf die Dauer nicht übergangen werden kann. Wie schnell führt ein eiterndes Ohr zu einer Hirnhautentzündung, und wenn der Eiter nicht abfließen kann, wird Schmutz in einer Wunde zur Blutvergiftung. Die Fülle der dabei auftretenden Signale im körperlichen Bereich ist uns allen bekannt. Die Medizin hat darum entsprechende Hilfen für uns bereit. Im Psychischen vollziehen sich die Prozesse viel leiser und schleichender. Fehlentwicklungen, die zur Krankheit führen, und auch beginnende psychische oder psychisch bedingte körperliche Erkrankungen werden nicht als alarmierend erlebt. Das auftretende Unbehagen, die in unserem fehlgesteuerten Dasein auftretenden Unlustgefühle werden viel zuwenig beachtet. Durch Erziehung zur Überanpassung und Fehlanpassung wird diese Haltung gefördert. Wir haben noch nicht gelernt, psychische Warnsignale wahrzunehmen, ernst zu nehmen. Man stirbt ja auch nicht, wenn man in eine Neurose hineinwächst, man verfehlt nur sein ganzes Leben. Im psychischen Bereich geht das Sterben langsamer.

Über das Verdrängen von Unlust, das Problem der sinnvollen Anpassung und der tödlichen, sinnzerstörenden Anpassung muß das Gespräch erst noch eröffnet werden. Um bewußter zu leben, müssen wir nicht nur mit der Lust umzugehen lernen, sondern auch mit der Unlust, dem Unbehagen in unserer Seele. Davon soll in einem anderen Buch die Rede sein.

Wo unsere Zukunft heller wird

Die Herderbücherei nach dem 1000. Band

In jeder Serie ist Band 1000 ein Signal. Am Vorabend des Dritten Reiches schrieb z. B. Karl Jaspers für die Nummer 1000 der Sammlung Göschen seine berühmte Zeitanalyse. Die Redaktion der Herderbücherei stellt *ihren* Jubiläumsband unter eine Frage, die heute viele Menschen bewegt: „Wer wird das Antlitz der Erde erneuern?"

Verdruß und Langeweile, Resignation und Ratlosigkeit, die heute allenthalben herrschen, machen es nicht wünschenswert, daß unsere Zukunft eine Hochrechnung unserer Gegenwart wäre. Entscheidendes muß sich ändern, wenn unsere Welt lebenswert bleiben soll. Doch die Hoffnung, daß dies auf *revolutionärem* Wege zu erreichen wäre, ist längst dahin. Bleibt also alles beim alten?

In dieser lähmenden Situation fordert Band 1000 der Herderbücherei dazu auf, verheißungsvolle Aufbrüche anderer Art nicht zu übersehen. Daß Natur verteidigt wird, daß Poesie wieder einen Markt hat oder daß das Verständnis für die Tiefenerfahrungen anderer Religionen wächst, sind nur die augenfälligsten Erscheinungen. Im einzelnen geschieht viel, was über den toten Punkt hinausführen könnte. Wir nehmen es nur nicht wahr, weil der Zeitgeist unseren Blickwinkel verengt hat. Es gilt also, Bewußtseinsgrenzen zu sprengen und neue Wirklichkeiten in den Blick zu nehmen, wenn wir wieder zuversichtlich werden wollen.

Band 1000 der Herderbücherei analysiert, wo sich, meist unterhalb unserer Wahrnehmungsschwelle, schöpferische Veränderungen vollziehen. Sein Untertitel „Von den Spuren des Geistes in unserer Zeit" könnte als Leitwort über dem gesamten Herderbücherei-Programm nach Band 1000 stehen. In vielen Bänden versucht die Taschenbuchredaktion auszumachen, wo Zeichen des Untergangs zu Zeichen des Übergangs werden. Bekannte Wissenschaftler äußern sich dazu in dem Herdertaschenbuch „Wo unsere Zukunft heller wird"

(Nr. 1021). Er wird herausgegeben von Ursula von Mangoldt, die in einem eigenen Band „Was birgt uns in der Gefahr?" (Nr. 1051) ihre Erfahrungen an der Schwelle eines neuen Zeitalters beschreibt.

Veränderungen allenthalben. Auf dem Gebiet der Seelenforschung schildert Elisabeth Lukas, die Meisterschülerin von Viktor E. Frankl, den Weg „Von der Tiefen- zur Höhenpsychologie" (Nr. 1020), den die Logotherapie eingeschlagen hat. Die 1982 begonnene Serie „Wegzeichen" zieht die Folgerungen aus der wachsenden Abkehr vom bequemen Versorgungsdenken. Zum Umdenken fordern Tisa von der Schulenburg und Heinrich Böll auf in Erinnerung an die schlimmen Jahre der Nachkriegszeit: „Was ist aus uns geworden?" (Nr. 1024). In der Tat sind an unsere Humanität neue Fragen gestellt. Das wird besonders deutlich in der Orientierungsstudie „Atomwaffen und Gewissen" (Nr. 1043) oder in dem Dokumentarbericht „Die letzte Fahrt der Kap Anamur I" (Nr. 1058), geschrieben von dem Initiator des Rettungskomitees Robert Neudeck.

Die Welt wieder vielschichtiger und geheimnisvoller zu sehen, darum geht es in einer anderen Programmsparte. So haben Sterne nicht nur einen Lauf, sondern auch eine Sprache, wie der Astronom Udo Becker schreibt („Was sagen uns Sterne?" Nr. 1053). Haben wir einen 6. Sinn?, fragt der Jerusalemer Forscher H. C. Berendt in seiner „Einführung in die Telepathie" (1022) und als Quintessenz einer langen Beschäftigung kommt der Marburger Theologe Ernst Benz zu der Feststellung, daß ein gründliches Gespräch zwischen „Parapsychologie und Religion" (Nr. 1025) wichtige Ansatzpunkte liefern könnte für ein tieferes Verständnis der biblischen Bücher.

„Warum noch lesen?" heißt der Titel des 53. INITIATIVE-Bandes, in dem Gerd-Klaus Kaltenbrunner und seine Mitarbeiter sich mit dem notwendigen Überfluß der Bücher beschäftigen. Angesichts dieses Programms läßt sich die aufgeworfene Frage leicht beantworten.

Hildegund Fischle-Carl

Vom Glück der Zärtlichkeit

Alle Liebe sucht Nähe

Band 1115, 144 Seiten

Wer liebt, sucht Nähe, will spüren und gespürt sein. Viele haben davor eine seltsame Scheu, weil in der Kindheit schon aberzogen wurde, Empfindungen spontan zu äußern und die Begegnung der Nähe und Zärtlichkeit nicht erlebt und geübt werden durfte. Welche seelische Verarmung, welche Spannungen und Fehlentwicklungen aus Mangel an vertrautem Nahesein entstehen, erfährt die Autorin täglich in ihrer psychotherapeutischen Praxis. Da die Angst vor dem Du auch die eigene Entfaltung und Verwirklichung von Lebenschancen verhindert, sind die Hilfen dieses Buches zu größerer Bewußtheit und zur Befreiung von emotionalen Ängsten von Bedeutung und Wichtigkeit.

Herderbücherei

Positive Lebensgestaltung

Marion Weber
Mit sich selbst in Einklang kommen
Eine Einführung in die Gestalttherapie
Mit praktischen Übungen
Band 941, 144 Seiten, 2. Aufl.

Vom Glücklichsein
Wegweisungen großer Denker
Ausgewählt und eingeleitet von Günter Hentrich
Band 1068, 240 Seiten

Oskar Lockowandt
Mach ein Fest aus deinem Leben
Wie man vom Glück beschenkt wird
Band 1140, 144 Seiten

Irma Bingel / Hannelore Merz
Jeder Tag ein froher Tag
Übungen zur Lebensfreude
Band 1148, 128 Seiten

ABC des Lebensglücks
Herausgegeben von Peter Raab
Band 1170, 192 Seiten

Gabriele Elschenbroich
Im Augenblick sich selbst begegnen
Erfahrungen mit spontaner Meditation
Band 1205, 128 Seiten

Herderbücherei